la
Revoluci

DISCARDED FROM
GARFIELD COUNTY PUBLIC
LIBRARY SYSTEM

GARFIELD COUNTY LIBRARIES
Parachute Branch Library
244 Grand Valley Way
Parachute, CO 81635
(970) 285-9870 – Fax (970) 285-7477
www.gcpld.org

Garfield County Libraries
Parachute Branch Library
244 Grand Valley Way
Parachute, CO 81635
(970) 285-9870 • Fax (970) 285-7477
www.GCPLD.org

la Revolución de Amor

JOYCE MEYER

FaithWords

New York   Boston   Nashville

la Revolución de Amor

Título en inglés: *The Love Revolution*
© 2009 por Joyce Meyer
Publicado por FaithWords
Hachette Book Group
237 Park Avenue
New York, NY 10017

Todos los derechos reservados. Ninguna porción de este libro podrá ser reproducida, almacenada en algún sistema de recuperación, o transmitida en cualquier forma o por cualquier medio —mecánicos, fotocopias, grabación u otro— excepto por citas breves en revistas impresas, sin la autorización previa por escrito de la editorial.

A menos que se indique lo contrario, todos los textos bíblicos han sido tomados de la Nueva Versión Internacional® NVI® © 1999 por la Sociedad Bíblica Internacional. Usada con permiso.

FaithWords es una división de Hachette Book Group, Inc.
El nombre y el logo de FaithWords son una marca registrada de Hachette Book Group, Inc.

ISBN: 978-0-446-56738-1

Visite nuestro sitio Web en www.faithwords.com

Impreso en Estados Unidos de América

Primera edición: Diciembre 2009

10 9 8 7 6 5 4 3 2 1

CONTENIDO

INTRODUCCIÓN

Revolución. La palabra misma provoca esperanza, enciende pasión e inspira lealtad como ninguna otra palabra del vocabulario humano. A lo largo de la Historia, la idea de una revolución ha echado leña sobre agitadores y ha inyectado valor a los pusilánimes. Las revoluciones han juntado a todas aquellas personas en busca de una causa mayor que ellos mismos, y les ha dado a hombres y mujeres sin propósito una causa por la que estuvieron dispuestos a dar su vida. Han dado a luz a grandes líderes y han criado a grandes seguidores; literalmente han cambiado el mundo.

Una revolución es un cambio repentino, radical y total de la manera en que normalmente se hacen las cosas. Las revoluciones normalmente las encienden una persona o un grupo de gente muy pequeño que no están dispuestos a seguir viviendo como han vivido en el pasado. Creen que algo puede y *debe* cambiar, y siguen promoviendo sus ideas hasta que comienza una marejada y finalmente cambia la situación, a menudo de formas radicales.

El mundo ha experimentado revoluciones en el pasado, cuando los gobiernos que se estaban aprovechando de sus ciudadanos fueron derrocados. Eso ocurrió en la Revolución Americana, la

Revolución Francesa y la Revolución Rusa (también llamada la Revolución Bolchevique), por nombrar sólo algunas. También se han llevado a cabo revoluciones cuando sistemas o formas de hacer las cosas desfasadas o ineficaces se reemplazaron, y los viejos patrones de pensamiento cedieron su lugar a nuevas ideas, como ocurrió en la Revolución Científica o la Revolución Industrial. Thomas Jefferson dijo: "Cada generación necesita una nueva revolución", y yo creo que ahora es el momento de la siguiente revolución mundial, la mayor revolución de todas. No necesitamos el mismo tipo de revoluciones que han surcado el panorama de la historia mundial en las generaciones previas a nosotros; no necesitamos una revolución basada en la política, la economía o la tecnología. Necesitamos una Revolución de Amor.

Tenemos que derribar el dominio del vivir egoísta y egocéntrico de nuestras vidas. Nada cambiará en nuestro mundo a menos que cada uno de nosotros esté dispuesto a cambiar. A menudo nos gustaría que el mundo pudiera cambiar sin detenernos a entender que la condición del mundo es el resultado de la manera en que vivimos nuestras vidas como individuos y de las decisiones que tomamos cada día.

Si cada persona en el planeta supiera cómo recibir y dar amor, nuestro mundo sería un lugar radicalmente diferente. Creo que todos sabemos que algo no funciona en la sociedad y que necesita que alguien lo arregle, pero nadie parece saber qué hacer o cómo comenzar a hacer cambios. Nuestra reacción ante un mundo que está fuera de control es quejarnos y pensar: *Alguien debería hacer algo.* Pensamos y decimos que quizá Dios, o el gobierno, u otra persona en autoridad deberían 105 cartas en el asunto. Pero la verdad es que cada uno de nosotros tiene que hacer algo. Tenemos que aprender a vivir la vida desde un punto de vista totalmente diferente del que hemos tenido. Debemos estar dispuestos a aprender, a cambiar y a admitir que somos parte del problema.

No podemos arreglar lo que no entendemos, así que la primera necesidad es localizar la raíz del problema. ¿Por qué la mayoría de la gente no es feliz? ¿Por qué hay tanta violencia en las familias, los vecindarios, las ciudades y las naciones? ¿Por qué la gente está tan enojada? Quizá piense que estas cosas suceden a causa del pecado; quizá diga: "La gente es pecadora, ese es el problema". En la teoría, estoy de acuerdo, pero me gustaría abordar el problema desde un punto de vista práctico con el que todos podamos tratar diariamente. Creo firmemente que la raíz de todos estos asuntos y de muchos otros es el egoísmo. El egoísmo es, claro está, la expresión del pecado; es una persona que dice: "Quiero lo que quiero y haré lo que sea necesario para conseguirlo". El pecado existe allá donde una persona vaya en contra de Dios y de sus caminos.

Tenemos la tendencia a vivir "hacia atrás": exactamente en el camino opuesto al que deberíamos vivir. Vivimos para nosotros mismos y, al mismo tiempo, parece que nunca terminamos de estar satisfechos. Deberíamos vivir para los demás y aprender el maravilloso secreto de que lo que damos regresa a nosotros multiplicado muchas veces. Me gusta mucho cómo lo expresa el famoso doctor llamado Lucas: "Den, y se les dará: se les echará en el regazo una medida llena, apretada, sacudida y desbordante. Porque con la medida que midan a otros, se les medirá a ustedes" (Lucas 6:38).

En muchas sociedades, tener, poseer y controlar se han convertido en el objetivo número uno de la gente; todos quieren ser "el número uno", lo cual indica automáticamente que mucha gente quedará decepcionada, porque solamente uno puede ser el número uno en un determinado campo. Sólo una persona puede ser el corredor número uno del mundo; sólo uno puede ser el presidente de la compañía, o el actor o actriz más reconocido en el escenario o la pantalla. Sólo uno puede ser el mejor autor o el mejor pintor del mundo. Aunque creo que todos deberíamos estar orientados a los objetivos y dar lo mejor de nosotros mismos, no creo que todos debamos querer todo para nosotros y no interesarnos por otras personas.

He vivido sesenta y cinco años antes de escribir este libro, y supongo que solamente eso me permite saber unas cuantas cosas. Al menos he vivido lo suficiente como para haber probado diferentes maneras de ser feliz, y he descubierto por eliminación lo que funciona y lo que no. El egoísmo no hace que la vida funcione como estaba diseñada que lo hiciera y, definitivamente, no es la voluntad de Dios para la humanidad. Creo que puedo demostrar en este libro que el egoísmo es, sin duda, el mayor problema que afrontamos hoy en todo el mundo, y que nuestra respuesta debe ser un movimiento agresivo para eliminarlo. Tenemos que declarar la guerra al egoísmo. Necesitamos una Revolución de Amor.

El amor debe ser más que una teoría o una palabra; tiene que ser acción. Se debe ver y sentir. ¡Dios es amor! El amor es y ha sido siempre idea de Él. Él vino para amarnos, para enseñarnos cómo amarle, y para enseñarnos cómo amarnos a nosotros mismos y a los demás.

Cuando hacemos eso, la vida es hermosa; cuando no lo hacemos, nada funciona adecuadamente. El amor es la respuesta al egoísmo porque el amor da mientras que el egoísmo toma.

Debemos ser liberados de nosotros mismos, y Jesús vino con ese propósito, como vemos en 2 Corintios 5:15: "Y él murió por todos, para que los que viven ya no vivan para sí, sino para el que murió por ellos y fue resucitado".

Recientemente, mientras meditaba en todos los terribles problemas del mundo, tales como millones de niños muriendo de hambre, SIDA, guerra, opresión, tráfico de seres humanos, incesto y muchos más, le pregunté a Dios: "¿Cómo puedes ver todo lo que ocurre en el mundo y no hacer nada?". Y oí la voz de Dios en mi espíritu: "Yo trabajo por medio de las personas. Estoy esperando que mi pueblo se levante y haga algo".

Quizá esté usted pensando, como millones de personas lo hacen: *Sé que el mundo tiene problemas, pero son tan grandes que, ¿qué podría hacer yo que marcara la diferencia?* Ese es exactamente el tipo de pensamiento que nos ha mantenido paralizados mientras la maldad ha seguido triunfando. Debemos dejar de pensar en lo que *no podemos* hacer y comenzar a hacer lo que *sí podemos*. En este libro, algunos escritores a los que he invitado a unirse conmigo, y yo misma, compartiremos con usted muchas ideas y formas en que usted puede ser parte de un nuevo movimiento que tiene la capacidad de traer un cambio radical y positivo.

Me niego a seguir parada más tiempo y no hacer nada mientras el mundo sigue en una espiral descendente. Quizá no sea capaz de resolver todos los problemas que veo, pero haré lo que puedo hacer. Mi oración es que usted se una a mí para tomar una posición firme contra la injusticia y estar dispuesto a hacer un cambio radical en su manera de ver la vida. La vida no puede consistir sólo en lo que los demás pueden hacer por nosotros, sino en lo que nosotros podemos hacer por los demás.

Cada movimiento necesita un lema o un credo por el que regirse. Nosotros, en Ministerios Joyce Meyer, hemos confeccionado en oración un pacto con el que nos hemos comprometido a vivir. ¿Se unirá a nosotros?

Me dedico a la compasión y **rindo** mis excusas.

Me opongo a la injusticia

y **me comprometo** a practicar sencillos actos del amor de Dios.

Me niego a no hacer nada. Esta es mi resolución.

YO SOY LA REVOLUCIÓN DE AMOR.

Oro para que estas palabras también se conviertan en su credo: el nuevo estándar por el que vivirá. No debe esperar a ver lo que otras personas deciden hacer, y no se le ocurra esperar a ver si el movimiento se hace popular. Esto es algo que debe decidir por usted mismo, un compromiso que solamente usted debe decidir hacer. Pregúntese: "¿Seguiré siendo parte del problema o seré parte de la respuesta?". Yo he decidido ser parte de la respuesta. El amor será el tema central de mi vida.

¿Qué decide usted? ¿Perpetuará los problemas de nuestro

> Pregúntese: "¿Seguiré siendo parte del problema o seré parte de la respuesta?". Yo he decidido ser parte de la respuesta. El amor será el tema central de mi vida.

mundo de hoy? ¿Los ignorará o hará como si no existieran? ¿O se unirá a la Revolución de Amor?

la
Revolución de Amor

CAPÍTULO
1

¿Qué es lo que falla?

Sólo soy uno, pero aún así soy uno; no puedo hacerlo
todo, pero puedo hacer algo y como no puedo hacerlo
todo, no me negaré a hacer ese algo que puedo hacer.

Edward Everett Hale

Mientras me siento a tomar el café por la mañana, mirando
por la ventana las bellas vistas, 963 millones de personas están
hambrientas.

Más de mil millones de personas ganan menos de un dólar
al día.

Treinta mil niños morirán hoy debido a la pobreza. Mueren en
algunas de las aldeas más pobres de la tierra, apartados totalmente de la conciencia del mundo. Eso significa que 210.000
mueren cada semana —11 millones cada año—, y la mayoría
de ellos tienen menos de cinco años de edad.

De los 2,2 miles de millones de niños que hay en el mundo,
640 millones no tienen un hogar adecuado, 400 millones no

tienen agua potable, y 270 millones no tienen acceso a ningún tipo de servicio médico.

¿Son para usted estas estadísticas tan asombrosas como lo son para mí? Espero que sí. Son los increíbles y aleccionadores datos de la vida en el mundo en el cual vivimos. Esas cosas ocurren en nuestro planeta y ante nuestros ojos. Soy consciente de que las estadísticas que acaba de leer puede que no se correspondan con la ciudad o el país donde usted reside, pero hoy más que nunca, todos somos ciudadanos del mundo. Somos parte de una comunidad global, y miembros de nuestra familia humana están sufriendo de formas inconcebibles e indescriptibles.

Creo que es hora de un aviso mundial, uno que nos despierte de nuestra autosuficiencia, nuestra ignorancia o nuestra aversión a la dificultad y nos remueva para levantarnos contra el dolor y la pobreza, la pérdida y la falta, la injusticia y la opresión, y las condiciones de vida que no apoyan la vida humana saludable o la dignidad más básica. Indiscutiblemente, ha llegado la hora de una Revolución de Amor.

Una boca pequeña, seis dientes con absceso

Durante un viaje médico de los Ministerios Joyce Meyer a Camboya, un dentista que dio voluntariamente su tiempo para ir y ayudar, le sacó veintiún dientes a una niña; seis de ellos tenían abscesos. Pensar en esa insoportable situación me recuerda cuando mi marido tuvo un dolor de muelas horrible mientras viajábamos a Australia. Se sentía muy mal porque estaba en el avión y no encontraba alivio. Tan pronto como aterrizamos, a las diez de la noche, alguien lo arregló todo para que fuera a ver a un dentista y recibiera ayuda. ¿Pero qué ocurre con la niña y otros miles como ella que soportan el dolor cada día y no tienen manera de recibir cuidados médicos? Piense por un instante e intente imaginárselo. ¿Cómo se sentiría con veintiún dientes en mal estado y latiéndole de dolor?

Este tipo de sufrimiento inimaginable existe; le ocurre a gente real cada día en lugares remotos del mundo. La mayoría de nosotros ni siquiera los conoce, o como mucho, hemos visto imágenes de algunos de ellos en televisión. Decimos: "Qué vergüenza. Alguien debería hacer algo al respecto", y luego seguimos tomándonos el café de la mañana y disfrutando de las bellas vistas.

Donde la basura es un tesoro

Una niña de diez años llamada Gchi vive en un basurero en Camboya. Se mudó allí cuando tenía cuatro años. Sus padres no podían mantenerla, así que le pidieron a su hermana mayor que se la llevara, y la única manera en que las dos podían sobrevivir era viviendo y trabajando en el basurero. Gchi pasa siete días a la semana escarbando entre la basura con un pincho de metal o con sus manos, buscando algo de comer o trozos de plástico o cristal que pueda vender para conseguir dinero para comer. Ha vivido en el basurero durante seis años; y otros muchos llevan allí mucho más tiempo.

Es vital que usted entienda que ese es el *basurero de la ciudad*, y cada noche los camiones de basura dan marcha atrás hasta el montón de basura para dejar los restos de las vidas de otras personas que han recogido de toda la ciudad. Los niños trabajan de noche, en lo oscuro, llevando cascos con luces porque la mejor basura se encuentra nada más llegar.

Tras mi visita a ese basurero, un reportero me preguntó lo que pensaba yo de eso. Mientras intentaba articular mis pensamientos, me di cuenta de que la situación era tan horrible que no sabía *cómo* pensar en ello. Esa degradación tan honda simplemente no se ordenaba en mi mente de una manera que yo pudiera verbalizar, pero decidí que intentaría hacer algo al respecto.

Fue necesario alrededor de un año de esfuerzo para todo un grupo de personas tratar el tema, y fueron necesarias donaciones de los socios de nuestro ministerio, así como parte de las finanzas personales de Dave y mías. Pero nos las arreglamos para remodelar dos grandes autobuses y convertirlos en restaurantes móviles. Llegan al basurero, los niños suben al autobús, se sientan ante una buena comida e incluso reciben algunas lecciones de lectura y matemáticas para ayudarles a prepararse para un futuro mejor. Por supuesto, compartimos el amor de Jesús con ellos, pero no les *decimos* solamente que son amados, sino que también les *mostramos* ese amor supliendo necesidades prácticas de sus vidas.

No basta con buenas intenciones

Escuché una historia sobre un hombre que fue a Rusia con buenas intenciones de hablarle a la gente del amor de Jesucristo. Durante su visita, mucha gente se moría de hambre. Cuando se encontró con una fila de gente esperando conseguir algo de pan para ese día, él se acercó con tratados evangelísticos en sus manos y comenzó a caminar por la fila diciéndoles que Jesús les amaba, y entregándoles a cada uno un tratado con el mensaje de la salvación impreso. Seguro que estaba intentando ayudar, pero una mujer le miró a los ojos y le dijo amargamente: "Sus palabras son bonitas, pero no me llenan el estómago".

He aprendido que algunas personas están sufriendo demasiado como para oír las buenas nuevas de que Dios les ama; deben experimentarlo, y una de las mejores formas de que eso ocurra es que nosotros suplamos sus necesidades prácticas, además de decirles que les amamos.

Debemos tener cuidado de no pensar que las palabras son suficiente. Jesús no cabe duda que predicó las buenas nuevas, pero también hizo el bien y sanaba a todos los que estaban oprimidos (ver Hechos 10:38). Hablar no es caro, ni tampoco

> Debemos tener cuidado de no pensar que las palabras son suficiente.

requiere mucho esfuerzo, pero el verdadero amor es costoso. A Dios le costó su propio Hijo, y permitir que fluya el verdadero amor a través de nosotros también nos costará. Quizá tendremos que invertir algo de tiempo, dinero, esfuerzo o posesiones, ¡pero costará!

Dios cuenta con nosotros

En breve voy a salir de casa para tomar café con mi marido, y después vamos a ir a comer. Probablemente estaremos fuera unas dos horas, y durante ese tiempo aproximadamente 240 niños habrán sido raptados para la industria del sexo. Eso significa que dos niños cada minuto tendrán sus vidas destrozadas debido al egoísmo y la avaricia de otros, a menos que hagamos algo. ¿Qué podemos hacer? Podemos interesarnos, podemos informarnos, podemos orar y podemos pasar a la acción. Podemos apoyar a ministerios y organizaciones con un buen historial de rescates de niños y mujeres de estas terribles condiciones; o, si Dios nos lo pide, podemos incluso escoger trabajar en esas situaciones. Si trabajar a tiempo completo no es una opción, podemos considerar hacer algo que sea parte de un proyecto o hacer un viaje misionero corto.

La esclavitud del sexo

Caminando por los callejones oscuros, los signos de deterioro y la decadencia se filtran entre la oscuridad. Trozos de metal y alambre sujetan los edificios resquebrajados de piedra. El aire huele a basura podrida y a suciedad humana. Tras la deteriorada fachada, se oyen los llantos y quejas de un niño, gritos amortiguados de ira y rabia, y el estridente aullido de uno de los muchos perros callejeros que vagan por esas crueles callejuelas.

Más que ningún otro sentido, uno está seguro de lo que siente. No hay duda... ese lugar es malo. Aunque es difícil que pueda imaginarlo, es un lugar creado por hombres malvados e inmorales que venden niños por sexo.

Este infierno vivo se convirtió en el hogar de Samrawork cuando tenía sólo siete años de edad. Cuando fue rescatada en la estación de autobuses a los doce años, se había deteriorado hasta convertirse en el caparazón sin vida de una niña pequeña: piel y huesos, emocionalmente muerta y con los ojos hundidos incapaces de expresar nada. Durante cinco años fue víctima de lujuriosos pervertidos que pagaron un alto precio por el privilegio de violar su pequeño cuerpo. Pagaron tres dólares en lugar de uno por ser tan joven.

El maltrato de sus órganos femeninos fue tan severo que necesitaría una cirugía muy considerable para poder volver a vivir una vida normal. Pero la urgencia de sus necesidades físicas era menor comparada con el daño que sufrió espiritual y emocionalmente.

Samrawork ha sido diagnosticada del virus del SIDA. Como es huérfana, no recuerda a ninguno de sus padres. Al igual que muchos otros niños como ella, está atrapada en una oscuridad de maldad inimaginable.

Las estadísticas[1] dicen:

- 1,2 miles de millones de niños están sometidos al tráfico cada año; esto, además de los millones que ya están cautivos del tráfico.
- Cada dos minutos se prepara a un niño para la explotación sexual.
- Aproximadamente 30 millones de niños han perdido su niñez a causa de la explotación sexual a lo largo de los últimos treinta años.

El dentista que mencioné anteriormente en este capítulo participó en una de las campañas médicas de Ministerios Joyce Meyer, que tienen lugar en países del tercer mundo. En esas campañas trabajamos con algunas personas de nuestro personal que están en nuestra nómina, pero la mayoría de ellos son maravillosos voluntarios que apartan tiempo de su trabajo y se pagan sus propios gastos para ir con nosotros. Trabajan de doce a dieciséis horas por día, normalmente en lugares donde la temperatura es mucho más elevada de lo que ellos están acostumbrados, y sin aire acondicionado y quizá sin ningún ventilador. Trabajan en aldeas remotas, bajo tiendas de campaña, y son capaces de ayudar a personas que puede que nunca hayan recibido tratamiento médico de ningún tipo. Podemos darles medicamentos que les salvan la vida y alivian su dolor. Les damos vitaminas, les alimentamos, y les hacemos saber que Jesús ciertamente les ama. A cada uno se le da la oportunidad de recibir a Jesús, y la mayoría de ellos escogen hacerlo. Mis ojos se llenan de lágrimas al recordar a los doctores, dentistas, enfermeras y otros ayudadores médicos que nos han dicho con gran emoción que esos viajes cambiaron sus vidas para siempre. Nosotros intentamos darles las gracias, y ellos terminan dándonos las gracias por abrir sus ojos a lo que la vida es en realidad.

Llevamos a un viaje a Camboya a una contadora que trabaja para nuestro ministerio, y aunque ella con frecuencia ve las presentaciones de nuestros viajes para los medios de comunicación, su vida fue realmente impactada por lo que vio en persona. Ella dijo: "Realmente siento como si hubiera estado viviendo en una burbuja toda mi vida". Ella quiso decir que había estado aislada de la realidad, y yo creo que la mayoría de nosotros lo estamos. Comprendo que no todas las personas del mundo podrán viajar a un país del tercer mundo para ver de primera mano cómo se ven obligadas a vivir las personas, pero al menos podemos intentar recordar cuando leemos de ellos o los vemos en televisión que lo que estamos viendo realmente le está sucediendo a alguien; a muchos alguien. Dios ama a esas personas, y Él cuenta con que nosotros hagamos algo al respecto.

Malnutrición

Mehret ve el mundo desde una perspectiva diferente. En Angacha, una pequeña aldea en Etiopía, ella hace todo lo que puede para seguir el ritmo de los otros niños, pero sencillamente ella no es como los demás.

Mehret nació sana, pero cada día, a medida que la malnutrición fue carcomiendo su cuerpo, hizo que su espina dorsal se fuese torciendo cada vez más, haciéndole difícil caminar, imposible correr y jugar con sus amigos. También produjo un bulto grande que sobresale del lado derecho de su espalda: demasiado grande para ocultarlo, y demasiado doloroso para ignorarlo. Sus huesos están débiles, y ella también.

Si alguien conoce el dolor de Mehret, es su padre, Abeba. Lo único que él quiere más que nada es sencillamente alimentar a sus hijos... *y que su preciosa hija vuelva a estar bien.* Si Mehret puede comenzar a recibir los alimentos nutritivos que necesita, el proceso de deterioro puede detenerse. Pero en este momento no hay esperanza a la vista.

Día tras día, Abeba batalla con la culpabilidad de no ser capaz de alimentar a sus niños. También sabe que si algo no cambia, la enfermedad de Mehret solamente empeorará. Pronto ella no podrá caminar; y finalmente morirá.

Hoy, Mehret conoce el dolor de sentir hambre… y el dolor de ser diferente al resto. Y sabe que cada nuevo día será un poco más difícil que el anterior.

En colaboración con la organización International Crisis Aid, Ministerios Joyce Meyer ha comenzado a proporcionar a Mehret el alimento que ella necesita para vivir y para detener un mayor deterioro en su espalda. Pero hay muchos más niños preciosos… muchos más como Mehret… que necesitan nuestra ayuda para ganar esta guerra contra la malnutrición.

Las estadísticas[2] dicen:

- En este momento, se calcula que 963 millones de personas en todo el mundo están hambrientas.
- Cada día, casi 16.000 niños mueren por causas relacionadas con el hambre: un niño cada cinco segundos.
- En el año 2006, unos 9,7 millones de niños murieron antes de cumplir cinco años. Casi todas estas muertes ocurrieron en países en desarrollo, cuatro quintas partes de ellos en el África subsahariana y el sur de Asia, las dos regiones que también tienen el mayor índice de hambre y malnutrición.

Una grieta en los cimientos del mundo

A mí me parece que el sistema mundial tiene una grieta en sus cimientos, y todos estamos sentados ociosos contemplándolo mientras se derrumba. Si escucha con atención, oirá a gente decir en todas partes: "El mundo se está derrumbando". Lo oímos en las noticias y en las conversaciones normales. Parece que todos hablan sobre la injusticia en el mundo, pero hablar sin actuar no soluciona nada. Mi pregunta es: "¿Quién se rebelará contra la injusticia y trabajará para arreglar las cosas?". Yo he decidido hacerlo, y conozco a otros cuantos miles que han decidido hacer lo mismo, pero necesitamos cientos de miles que se unan a nosotros para realizar el trabajo.

Lo que usted pueda hacer valdrá la pena

Quizá esté pensando: *Joyce, lo que puedo hacer yo no hará ni una pequeña mella en los problemas que tenemos en nuestro mundo.* Sé cómo se siente, porque yo también he sentido lo mismo en otras ocasiones; pero si todos pensamos así, nadie hará nada y nada cambiará. Aunque nuestros esfuerzos individuales no resuelvan los problemas, juntos podemos marcar la diferencia. Dios no nos pedirá cuentas de lo que no pudimos hacer, pero sí nos pedirá cuentas de las cosas que pudimos haber hecho.

Recientemente había regresado de un viaje a la India y estaba en el gimnasio cuando una mujer que veo allí a menudo me preguntó si realmente creía que todo el esfuerzo que hay que hacer en estos viajes valía para algo, porque millones seguían muriendo de hambre, por muchos que estuviéramos alimentando. Compartí con ella lo que Dios puso en mi corazón, algo que para mí resolvió el asunto para siempre. Si usted o yo estuviéramos hambrientas por no haber comido en tres días y alguien nos ofreciera una comida que aliviara el dolor de nuestro estómago por un día, ¿lo aceptaríamos y estaríamos contentas de tenerlo? Claro que sí; y así es como se siente la gente a la que ayudamos. Podemos organizar programas de ayuda continua para muchos de ellos, pero siempre habrá algunos a los que sólo podamos ayudar una o dos veces. Aun así, sé que esos viajes valen la pena. Si le podemos dar una comida a un niño hambriento, vale la pena. Si podemos ayudar a una persona a que no tenga dolor un día, vale la pena. Yo me he propuesto hacer siempre lo que pueda hacer y recordar lo que Dios me dijo: "Si sólo puedes aliviar el dolor de alguien una sola vez durante una hora, aún así vale la pena".

El mundo ha perdido su sabor

Creo que es seguro decir que la mayoría de lo que el mundo ofrece está soso, y no estoy hablando de comida. Por ejemplo, la mayoría de las películas que produce Hollywood son bastante sosas. Muchos de los diálogos y las imágenes visuales tienen un mal sabor. Normalmente, cuando vemos algún tipo de comportamiento que tiene un mal sabor rápidamente culpamos "al mundo". Podemos decir algo como: "¿A dónde va a llegar este mundo?". Sin embargo, el término "este mundo" significa meramente la gente que vive en el mundo. Si el mundo ha perdido su sabor es porque la gente ha perdido su sabor en sus actitudes y acciones. Jesús dijo que nosotros somos la sal de la tierra, pero si la sal pierde su sabor (su fuerza y calidad), no vale para nada (ver Mateo 5:13). También dijo que somos la luz del mundo y que no deberíamos esconder nuestra luz (ver Mateo 5:14).

Piénselo de este modo: cada día, cuando sale de su hogar para ir a un mundo oscuro y soso, usted puede ser la luz y el sabor que éste necesita, puede llevar el gozo a su lugar de trabajo al proponerse tener una buena actitud sistemáticamente. A través de cosas simples como dar las gracias en vez de quejarse, como hace la mayoría de la gente, siendo paciente, misericordioso, rápido para perdonar las ofensas, amable y animando. Incluso simplemente sonreír y ser amigable es una manera de llevar el sabor a una sociedad que lo ha perdido.

No sé a usted, pero a mí no me gusta la comida sosa. Mi marido tuvo una vez un problema estomacal y el doctor le dio una dieta blanda durante unos días. Si no recuerdo mal, ni siquiera le apetecía comer. Dave no es un quejoso, pero en cada comida le oía decir una y otra vez: "Esto no sabe a nada". Necesitaba un poco de sal, un poco de picante, y eso es exactamente lo que el mundo necesita.

Sin amor y todas sus magníficas cualidades, la vida está sosa y no vale la pena vivirla. Quiero que pruebe un experimento. Simplemente piense: *Hoy voy a salir al mundo y voy a ponerle un poco de picante*. Luego mentalícese antes de salir por la puerta de que sale como un embajador de Dios y que su objetivo es ser un dador, amar a la gente y añadir un buen sabor a sus vidas. Puede comenzar por sonreír a la gente con la que se encuentre a lo largo del día. Una sonrisa es un símbolo de aceptación y aprobación, que es algo que la mayoría de la gente de este mundo necesita desesperadamente. Abandónese en Dios y confíe en que Él cuidará de usted mientras siembra una buena semilla en todas partes donde va tomando decisiones que serán de bendición para otros.

El cambio comienza por usted

Soy consciente de que usted no puede hacerlo todo; no lo pongo en duda, y sé que tiene que decir que no a algunas cosas o su vida se le llenará de estrés. Yo no puedo ofrecerme como voluntaria para ser tutora de niños o llevar comida a los ancianos, pero estoy haciendo muchas otras cosas para marcar una diferencia positiva en el mundo. Creo que la pregunta que todos debemos responder es: "¿Qué estoy haciendo para mejorar la vida de alguna otra persona?" Y quizá una pregunta mejor sea: "¿Qué he hecho *hoy* para mejorar la vida de alguna otra persona?".

Puede que este libro sea difícil de leer a veces porque espero que saque asuntos que no son muy cómodos, pero que todos nosotros debemos plantearnos. No ocurre nada bueno por accidente, y si queremos ser parte de una revolución, significa que las cosas deben cambiar, y las cosas no pueden cambiar a menos que la gente cambie. Cada uno de nosotros debe decir: "¡El cambio comienza por mí!

> No ocurre nada bueno por accidente, y si queremos ser parte de una revolución, significa que las cosas deben cambiar, y las cosas no pueden cambiar a menos que la gente cambie. Cada uno de nosotros debe decir: "¡El cambio comienza por mí!"

AMOR REVOLUCIONARIO
Darlene Zschech

El viaje del corazón es uno de los misterios más complejos que existen. El júbilo y la tristeza, la esperanza y la espera, los altos y los bajos… y, tristemente para muchos, los indecibles desencantos que literalmente dejan el corazón en un estado donde funciona pero no quiere sentir nada nunca más. Cuando uno no tiene el entendimiento del gran amor de Dios sobre el que apoyarse y encontrar fuerza, el corazón humano encuentra una manera de arreglárselas, de funcionar, de sobrevivir incluso a las realidades más duras. Y es ahí donde innumerables cantidades de personas se encuentran hoy día, desde las más ricas a las más pobres, ya que la pobreza del corazón no hace discriminación alguna cuando escoge encontrar un hogar.

El profeta Isaías habló sobre una revolución de amor radical en Isaías 61:11, cuando la palabra describe un día en que el amor resultará en que la gente buscará su propia justicia… y Jesús abriéndose paso por el desierto. "Porque así [tan cierto] como la tierra hace que broten los retoños, y el huerto hace que germinen las semillas, así [de cierto] el SEÑOR omnipotente hará que broten la justicia y la alabanza ante todas las naciones [a través del poder de la propia naturaleza de su palabra]".

Una Revolución de Amor no es sólo una gran idea, sino un concepto de total urgencia… especialmente si creemos que veremos cómo las trágicas injusticias que ocurren hoy en la tierra darán un giro… incluyendo la mayor tragedia de todas, la tragedia del corazón roto de la humanidad.

El quebrantamiento se nos viene a la mente una y otra vez al ver las imágenes de una madre joven dando el pecho a su bebé, cuando su propio cuerpo está enfermo y desfigurado por el resultado del VIH/SIDA. Ella hace todo lo que puede pero se enfrenta a la decisión...¿alimenta a su hijo y le infecta conscientemente de esta enfermedad mortal, o deja que el bebé se muera de hambre por falta de una nutrición alternativa? El corazón de esa mamá está mucho más que roto. Es una mamá como yo, llena de deleite cuando tiene la oportunidad de ver a su bebé crecer bajo su cuidado.

Ver a hombres y mujeres jóvenes vagando por ahí, sin alimento, ni comida, ni sitio adonde ir y sin nada que hacer, te rompe el corazón hasta lo más hondo y llena los corazones de una desilusión constante. Sus corazones y mentes están llenos de sueños innumerables, pero sólo si consiguen encontrar la manera de ir a la escuela y comprar algo de comida.

Es increíble lo que la gente puede llegar a hacer a causa de la desesperación, causando aun más daño y extrema violencia entre ellos... qué poco valor deposita la gente sobre una vida humana cuando se enfrenta a una pobreza extrema sostenida. Pero un corazón sólo puede aguantar cierta cantidad de dolor.

Un niño de catorce años está criando a su hermano y a su hermana menor, y a un sobrino aun más pequeño, en una pequeña choza cubierta de hojalata llamada hogar en el África subsahariana, donde trabaja todo el día en una pequeña granja de cultivo, intentando desesperadamente meterlos a todos, incluido él mismo, a la escuela y encontrar algo para que puedan comer todos y que estén fuertes cada día. Sus padres murieron de VIH y su ciudad excomulgó a los niños por temor a que ellos también tuvieran la enfermedad. Las probabilidades son altas, pero aún hay que probarlo; y este corazón de catorce años extremadamente valiente se vuelve frágil debido al duro trabajo sin descanso, la enfermedad y la incertidumbre.

Una joven mamá en Sidney, Australia, que había dedicado su vida a su marido y sus hijos, descubre que su marido le había engañado durante muchos, muchos meses y quiere casarse con su nueva "pareja". Esta mujer se siente aislada, subestimada, humillada, y ahora tiene que enfrentarse a un futuro no sólo sin su marido, sino también muchos días sin sus hijos ya que el marido quiere sus derechos de custodia. Su corazón está tan destrozado que le cuesta respirar, y no puede ver la manera de salir adelante.

Me acuerdo de sentarme en las afueras de Uganda con una líder increíble de uno de los programas de apadrinamiento de niños más impactantes con base allí, y al comenzar a hablar, empezó a compartir conmigo cómo, aunque están haciendo mucho para ayudar a rescatar huérfanos en esa región, la cantidad de niños a su alcance inmediato que no tienen manera de sobrevivir es desbordante. Me puse de pie y comencé a darle un masaje en sus hombros cansados mientras ella seguía hablando de su corazón roto, y de su incesante frustración, y pronto las palabras se convirtieron en sollozos. Años de vivir con medios estirándolos lo más que humanamente se puede, y sin embargo, ver y oír que los niños continúan yéndose a la cama hambrientos y solitarios había desbordado a esta alma exhausta.

Las historias podrían seguir desde aquí a la eternidad, de gente luchando por sobrevivir, desde las profundidades de

África hasta la altamente poblada Asia, desde los Estados Unidos hasta Oz. Parece que dondequiera que mire, hay grandes paredes de dolor insuperable que incluso con camiones de paquetes de comida e inmunización, consejeros y apoyo de la comunidad, necesitamos mucho más para romper este círculo traicionero. UNA REVOLUCIÓN DE AMOR... es aquí donde encontramos la misión de nuestra vida.

Lucas 4 lanza el mensaje alto y claro:

El Espíritu del Señor está sobre mí, POR CUANTO me ha ungido para anunciar buenas nuevas a los pobres. Me ha enviado a proclamar libertad a los cautivos y dar vista a los ciegos, a poner en libertad a los oprimidos, a pregonar el año del favor del Señor (ver Lucas 4:18-19).

Cada vez que leo y vuelvo a leer este pasaje, se me viene a la mente que tengo que estar enfocada y tener claros nuestros esfuerzos por levantar las vidas de otros... desde los gestos más pequeños a los planes más grandes... porque este es nuestro momento para levantarnos, salir del estatus quo, de una vida puramente controlada por el yo, y estirarnos de la forma que podamos hacia nuestros hermanos y hermanas en necesidad por toda la tierra.

Es una gran palabra que verdaderamente es una de las palabras más poderosas que el amor realmente hace que cobre vida... y esa palabra es ESPERANZA. La palabra dice... que esta esperanza que tenemos, es un ancla para nuestra alma (ver Hebreos 6:19)... y el salmo 39:7 dice ..."Y ahora, Señor, ¿qué esperanza me queda? ¡Mi esperanza he puesto en ti!". La esperanza está siempre viva, aun cuando la situación sea sombría o parezca imposible. Nuestra misión es llevar esa esperanza junto con la fe y el amor a la gente herida.

Mi corazón ha sido estirado y desafiado hasta desfallecer intentando descubrir respuestas para los que están en medio de algunos de los entornos que sufren la mayor pobreza, pero milagrosamente, al sentarte entre los que no tienen nada y cuya situación parece desesperante, obtienes un poderoso sentimiento de que la gracia de DIOS está ahí en medio de esa maravillosa gente. Incluso en sus luchas y esfuerzos por seguir el viaje de la supervivencia, Dios vuelve a brillar. He encontrado muchos "cautivos de la esperanza" como dice en Zacarías 9:12 (ME ENCANTA ESE PENSAMIENTO)… que de manera simple, y a la vez de todo corazón, creen y SABEN que sólo Dios es su respuesta y su proveedor.

Mi búsqueda personal, amar al Señor y adorarle con toda mi vida, es la mayor prioridad para mí en mi vida espiritual… buscándole, amándole y sirviéndole. Aprender el peso de un estilo de vida de adoración, el valor de su presencia y de su gracia asombrosa es un don indescriptible, y seguro que necesitaremos toda la eternidad para expresar unas adecuadas GRACIAS por todo lo que Él ha hecho y sigue haciendo. La disciplina aprendida para llevar una canción de fe y exaltar a Jesús en medio de una batalla ha sido una de las grandes lecciones que he tenido que esforzarme por aprender en lo más íntimo de mi corazón, pero mi lección continua es sobre qué más requiere el Señor de nosotros a través de la adoración. Y continuamente oigo su latido a través de las Escrituras asegurándome que la adoración es más que las canciones que cantamos; son vidas derramadas, desesperadas por ser las manos y los pies de Él en este planeta hoy.

Hace muchos años visité a unos hermosos niños africanos en un auspicio de SIDA, todos huérfanos, y aún así todos ellos llenos con el entusiasmo de personas que tenían ESPERANZA. Se pusieron de pie y cantaron para mí... TODO ES POSIBLE, algo que me desafió e inspiró al oír sus vocecitas llenando la atmósfera de vida y gozo. Un momento inolvidable, y un recordatorio inolvidable del poder de la PALABRA de Dios en nuestras vidas.

Hebreos 13:15 dice esto: "Así que ofrezcamos continuamente a Dios, por medio de Jesucristo, un sacrificio de alabanza, es decir, el fruto de los labios que confiesan su nombre". El versículo 16 sigue diciendo: "No se olviden de hacer el bien y de compartir con otros [de la iglesia como encarnación y prueba de la comunión] lo que tienen, porque ésos son los sacrificios que agradan a Dios".

Cantar una canción de Dios, uniéndonos al gran himno de la eternidad, es uno de los mayores gozos de la vida aquí en la tierra. Fortalecidos, determinados, somos impulsados en su presencia a vivir la gran comisión... impulsados con nuestras manos levantadas al cielo... y luego dispuestos con nuestras manos presentadas en una postura lista para servir. Como dijo San Agustín: "Nuestras vidas deberían ser un ALELUYA DE LA CABEZA A LOS PIES".

Sin embargo, la adoración sólo con canciones es solamente un punto de partida cuando se trata de lo que pide el Hacedor del cielo y la tierra. Se nos dice unas cuarenta veces que cantemos nuevas canciones, e incluso se nos invita a llevar ofrendas y obediencia costosos ante el Señor, pero unas 2.000 veces se nos hace referencia a estar activamente involucrados al presentar nuestras VIDAS como una ofrenda, cuidando de los que están batallando en varias áreas de la vida. No obstante, es bueno recordar que sin tiempos de oración, meditación de la Palabra de Dios y esos tiernos momentos donde profundizamos nuestra relación con Cristo... nuestros actos de servicio pueden convertirse fácil y simplemente en "obras", con la agenda de la reunión girando en torno a nosotros, en lugar de girar en torno a aquellos a los que estamos sirviendo.

Tiempos deliberados de adoración definitivamente posicionan nuestro corazón para ser confrontado, para ceder y ser transformado en su presencia. Como todo este viaje del caminar cristiano es un viaje del corazón, podemos ver por qué aprender a ADORAR con todo lo que somos es un paso crítico en el proceso. Dios siempre ha deseado la VERDAD cuando se trata de servirle... y la verdad se decide en el marco de nuestro corazón, que es por lo que cuidar y usar bien el corazón es de vital importancia cuando se trata del Señor.

"Por sobre todas las cosas cuida tu corazón,
porque de él *mana* la vida"
(Proverbios 4:23).

Nunca olvidaré el reto que el pastor Bill Hybels de la iglesia Willow Creek Community Church, cerca de Chicago, nos lanzó hace algunos años, diciendo que, como cristianos y líderes cristianos, no basta con hablar de la injusticia y ver DVDs de ese tema, dijo que debemos permitir que la pobreza nos toque, nos involucre... que los olores y las realidades de la supervivencia se conviertan en una sensación que nunca olvidemos convenientemente, o que enviemos dinero y sintamos que hemos hecho nuestra parte. Pero ser llamados a la acción por el gran amor de Dios, que compartamos su amor y su vida y que confiemos en que Él abrirá un camino, bien, ese es el viaje que estamos llamados a emprender. Y es ahí donde nuestro amor en acción, nuestra adoración con toda nuestra vida entra en juego.

"Y el que recibe en mi nombre a un niño como éste,
me recibe a mí".
(Mateo 18:5)

"¿Quién va a cuidar de mis bebés?", llora la madre que está muriendo, sabiendo que sus hijos se unirán pronto a los otros millones por toda la tierra en busca de una nueva mamá. He visto a amigas con cáncer hacer la misma oración. No puedo pensar en un dolor de corazón más grande, o en un gemir más profundo en los tiempos de mayor oscuridad. Quiero gritarles: "NOSOTROS LO HAREMOS". Esta es definitivamente un área donde podemos remangarnos, tragar saliva, orar y CREER, y lanzarnos en fe. No hay que vivir en el tercer mundo para encontrar huérfanos que necesitan una familia, o gente solitaria en busca de amistades; cada uno de nosotros vivimos en ciudades donde los niños se dejan en manos de los sistemas gubernamentales que hacen su mejor esfuerzo por suplir una necesidad que nosotros, la Iglesia, podemos suplir.

Me encanta la Iglesia… es tan diversa y en verdad se levanta por todo el planeta con un nuevo sentimiento de confianza y resplandor. Pero la Iglesia cuando mejor está es cuando, por

encima de todo, ama a Dios, con todo lo que la iglesia es...
y luego la Iglesia se levanta con los brazos extendidos para
servir a una comunidad herida y a un mundo roto, conectando
a la gente con Jesús y todo lo que eso significa. No juzgando
y criticando a los pobres, sino simplemente AMANDO... y
amar es costoso, y es un verbo... no un sustantivo. Juntos,
realmente podemos ponernos en la brecha para los que no
tienen voz... amando al Señor nuestro Dios con todo nuestro
corazón, alma, mente y fuerza... Y amando a nuestro prójimo
como a nosotros mismos. ¡Verdaderamente asombroso!

Así, ¿cómo abordamos lo que se presenta como un gigante
de desesperación? ¿Cómo hacemos para abrir una puerta a
los que están atascados en esta peligrosa prisión?

NINGUNO de nosotros puede abordarlo por sí solo. Incluso
los filántropos más inteligentes e interesados del mundo NECE-
SITAN a otros y la experiencia de equipos variados de expertos
que trabajen juntos por el bien común para tener el máximo
beneficio para la mayor cantidad de gente. Pero SÍ necesitamos marcar un comienzo; podemos apadrinar a un niño, ser
una voz para los que sufren en nuestra comunidad, ayudar de
alguna manera si podemos en el sistema de acogida (ej., cuidados de emergencia, cuidado a corto o largo plazo, sistemas de compañía de fin de semana), conseguir dinero para
una obra de caridad o una necesidad que esté en tu propio
corazón, secundar las iniciativas de tu propia iglesia y conseguir que el cuerpo se mueva, vivir con mayor sencillez, siendo
consciente de vivir para dar, no sólo para gastar... la lista es
interminable.

Pero igualmente importante es asegurarse de que nuestro

corazón y nuestra vida sean impulsados y estén vivos para cualquier oportunidad que se presente diariamente, ya sea global o local... como la historia del buen samaritano, que fue más allá del estatus quo de su día, y dejó su camino para ayudar y responder cuando otros simplemente pasaron de largo. Ese samaritano fue MOVIDO a compasión... y no sólo fue movido emocionalmente, sino que respondió con acción.

Y podría decir que si está pasando por una época donde siente que necesita que le ministren, en lugar de ser el que da, anímese. Rodéese de un entorno de adoración y alabanza, llene su hogar con música que inspire su corazón, llene su auto con discos de la Palabra de Dios, vaya con su familia, su iglesia, su comunidad donde sabe que será nutrido y animado... y permita que el Espíritu del Señor le llene continuamente desde dentro. Ya sea que necesite sanidad, o un salto económico, o un milagro relacional... nuestro Dios puede hacerlo. Permítase caer en los brazos seguros de nuestro Señor y nuestra fortaleza, porque Él nunca le dejará ni le abandonará; confiar en Él es el mayor gozo y esperanza que tiene. Pero le dejo con este gran recordatorio... AMAR al Señor su Dios con todo su corazón, mente, alma y fuerzas Y a su prójimo como a usted mismo. USTED es un tesoro y es muy valioso. ¡Nunca lo olvide!

Con todo mi corazón:

Darlene Z.

El viaje del corazón es uno de los misterios más complejos que existen. El júbilo y la tristeza, la esperanza y la espera, los altos y los bajos... y tristemente para muchos, los indecibles desencantos que literalmente dejan el corazón en un estado donde funciona pero no quiere sentir nada nunca más. Cuando uno no tiene el entendimiento del gran amor de Dios sobre el que apoyarse y encontrar fuerza, el corazón humano encuentra una manera de arreglárselas, de funcionar, de sobrevivir incluso a las realidades más duras. Y es ahí donde innumerables cantidades de personas se encuentran hoy día, desde las más ricas a las más pobres, ya que la pobreza del corazón no hace discriminación alguna cuando escoge encontrar un hogar.

Como Darlene Zschech nos ha recordado, el profeta Isaías habló sobre una Revolución de Amor radical en Isaías 61:11, cuando describió un día en el que el amor resultará en que la gente buscará su propia justicia y Jesús se abrirá paso por el desierto. "Porque así [tan cierto] como la tierra hace que broten los retoños, y el huerto hace que germinen las semillas, así [de cierto] el Señor omnipotente hará que broten la justicia y la alabanza ante todas las naciones [a través del poder de la propia naturaleza de su palabra]".

Algo más que sólo una gran idea

Una Revolución de Amor no es sólo una gran idea, sino una necesidad si queremos ver cómo dan un giro algunas de las trágicas injusticias del mundo, incluyendo la tragedia más pesada de todas: la tragedia del corazón partido de la humanidad. El salmo 27:3 dice: "Aun cuando un ejército me asedie, no temerá mi corazón; aun cuando una guerra estalle contra mí, [incluso entonces] yo mantendré la confianza". Esto es lo que tiene que ocurrir en los corazones de toda la humanidad.

CAPÍTULO
2

La raíz del problema

La clave de la felicidad no es ser amado,
sino tener alguien a quien amar.

Anónimo

La raíz de algo es su fuerza misma: su comienzo, su soporte subyacente. Las raíces normalmente están bajo tierra, y por eso frecuentemente las ignoramos y sólo prestamos atención a lo que vemos en la superficie. Una persona con un dolor de muelas muchas veces necesita una endodoncia. La raíz del diente está en mal estado y hay que tratar con ella, o el diente no dejará de dolernos. La raíz del diente no se ve, pero usted sabe que está ahí porque el dolor es intenso. El mundo está sufriendo, y ese dolor no cesará a menos que vayamos a la raíz de los problemas que asedian a los individuos y las sociedades. Creo que esa raíz es el egoísmo.

He intentado pensar en un problema que no tenga su base en el egoísmo, y no he sido capaz de encontrar ninguno. Las personas no tienen reparo en destrozar la vida de otra persona

> He intentado pensar en un problema que no tenga su base en el egoísmo, y no he sido capaz de encontrar ninguno.

para conseguir lo que quieren o lo que sienten que es bueno para ellos. En una palabra, el egoísmo es la fuente de todos los problemas del mundo.

El egoísmo tiene mil caras

El egoísmo tiene mil caras, y quizá precisamente por eso no lo reconocemos por lo que es. Lo vemos en los bebés que gritan cuando no consiguen lo que quieren y en niños que toman los juguetes de otros niños. Es evidente en nuestro deseo de vernos mejor que otros o de hacerlo mejor que los demás. El egoísmo consiste en querer ser el primero en todo, y aunque no hay nada de malo en querer dar lo mejor de nosotros mismos, sí está mal disfrutar al ver que otros fallan para que nosotros podamos sobresalir.

Creo que todas las formas de egoísmo son malas y causan problemas. En esta sección, quiero llamar su atención a tres tipos específicos de egoísmo comunes en el mundo de hoy y los resultados negativos que producen.

Abuso sexual. Ann tiene trece años. Su padre le dice que ya es una mujer y que es hora de que haga lo que hacen las mujeres. Cuando el padre termina de mostrarle lo que significa ser una mujer, ella se siente avergonzada, temerosa y sucia. Aunque su padre le asegura que lo que él hace es bueno, ella se pregunta por qué le sigue diciendo que lo mantenga en secreto y por qué le hace sentir tal mal. Según pasan los años y su padre sigue molestándola y violándola, Ann se cierra emocionalmente para no seguir sintiendo el dolor. El padre de Ann le ha robado su infancia, su virginidad, su inocencia y, si Dios no interviene, le habrá robado su vida; todo para conseguir lo que él quería.

Nos enferma la cantidad de casos de incesto de que tenemos noticia, pero la verdad es que el 90-95 por ciento de los casos de incesto pasan desapercibidos. Yo sufrí de abusos sexuales de mi padre durante muchos años. Intenté en un par de ocasiones contarle a alguien lo que me estaba ocurriendo, y como no me ayudaron, lo sufrí en soledad hasta que fui adulta y finalmente comencé a compartir mi historia y a recibir la sanidad de Dios. Mi padre murió a los ochenta y seis años de edad sin ser formalmente castigado por su delito. La gente con la que trabajaba, y con quienes se iba de fiesta y a picnics, nunca supo que había estado violando a su hija desde que era una niña pequeña.

Vemos lo que la gente hace y rápidamente los juzgamos, pero raras veces conocemos la raíz de su comportamiento. Muchas mujeres a las que juzgamos como "problemas en la sociedad" son víctimas de incestos. Por ejemplo:

- 66 por ciento de todas las prostitutas son víctimas de abuso sexual infantil.
- 36,7 por ciento de todas las mujeres en prisión en los EEUU sufrieron abusos siendo niñas.
- Un tercio de todos los niños que sufrieron abusos y abandonos más adelante abusarán y abandonarán a sus propios hijos.

- 94 por ciento de todas las víctimas de abuso sexual tienen menos de doce años la primera vez que sufren los abusos.

El dolor causado en nuestro mundo solamente por el incesto y el abuso sexual es impactante, y todo comenzó porque las personas fueron egoístas y no les importó quienes sufrieran el daño mientras ellos consiguieran lo que querían.

Claro, usted probablemente no mataría, robaría, mentiría o cometería actos de violencia contra niños, pero es posible que aún así sea egoísta de alguna otra manera. Si nos atrevemos a excusar nuestro propio egoísmo apuntando con el dedo a los que cometen delitos peores que los nuestros, nunca lidiaremos bien con los problemas de nuestra sociedad de hoy. Cada uno de nosotros debe asumir la responsabilidad de lidiar con sus propios comportamientos egoístas, sin importar en qué nivel se encuentren o cómo los expresemos.

Avaricia. El egoísmo con frecuencia toma forma de avaricia. La avaricia es el espíritu que nunca está satisfecho y siempre quiere más. Nuestra sociedad actual definitivamente es consumista. Me sorprendo cuando voy conduciendo y veo todos los centros comerciales que existen y los que aún siguen construyendo. Por todos lados nos ofrecen algo para comprar. Cosas, cosas y más cosas; y todo es una ilusión. Prometen una vida más fácil y más feliz, pero para mucha gente lo único que les aporta es una deuda opresiva.

La presión y la tentación de comprar más y más nos mantiene arraigados en el egoísmo; pero la buena noticia es que podemos cambiar si realmente queremos. Aprendamos a comprar lo que necesitamos y algo de lo que queremos, y luego aprendamos a dar más de nuestras posesiones, especialmente las que ya no nos valen, a alguien que tenga menos que nosotros. Practiquemos el dar hasta que sea lo primero y lo más natural que hagamos cada día de nuestras vidas. Para la mayoría de la gente eso sería verdaderamente una manera de vivir revolucionaria.

La Biblia dice que el amor al dinero es la raíz de todos los males (ver 1 Timoteo 6:10). La única razón por la cual la gente ama el dinero y hará casi cualquier cosa para conseguirlo es simplemente que sienten que el dinero puede darles cualquier cosa que quieran, creyendo que pueden así comprar la felicidad. La gente regularmente mata, roba y miente por dinero, y todo eso está arraigado en la enfermedad del egoísmo. Recientemente leí un artículo de un actor famoso que decía que las personas creen que si tienen todas las cosas que quieren entonces serán felices, pero es una promesa falsa. Seguía diciendo que él tuvo todo lo que un hombre podría querer tener, y había descubierto que aún así no era feliz porque, una vez que una persona ha alcanzado su meta de poseer todo lo que el mundo ofrece, todavía se tiene a sí misma.

Divorcio. El egoísmo es también la causa raíz del divorcio. La gente a menudo se casa con las ideas equivocadas de lo que debiera ser el matrimonio. Muchos decidimos que nuestro cónyuge es alguien que debería hacernos felices, y cuando eso no ocurre, comienza la guerra. ¡Qué diferentes serían las cosas si nos casáramos y pensáramos en hacer todo lo posible para hacer feliz a nuestro cónyuge!

Ahora mismo quizá esté pensando: *Yo no voy a hacer eso porque sé que se aprovecharían de mí.* En mis años jóvenes yo habría estado de acuerdo con eso, pero tras haber vivido casi toda una vida, creo que la Biblia es cierta a pesar de todo, y nos enseña que el amor nunca falla (ver 1 Corintios 13:8). También dice que lo que el hombre sembrare, "sólo eso" también segará (Gálatas 6:7). Si le creo a la Biblia, y le creo, entonces creo que estoy a cargo de la cosecha que recibo en mi vida, porque está basada en las semillas que planto. Si sembramos misericordia cosecharemos misericordia, y si sembramos amabilidad recogeremos amabilidad.

Yo siempre estuve en mi mente

Cuando miro hacia atrás a los cuarenta y dos años que Dave y yo hemos estado casados, me horrorizo de lo egoísta que he sido, especialmente en los primeros años. Puedo decir honestamente que no sabía hacerlo mejor. En la casa donde crecí, lo único que vi fue egoísmo y no tuve a nadie que me enseñara otra cosa. Si hubiera aprendido a dar en vez de tomar, estoy segura de que los primeros años de mi matrimonio hubieran sido mucho mejores de lo que fueron. Gracias a que Dios entró a mi vida, he visto como las cosas han dado un giro y las viejas heridas han sido sanadas, pero malgasté muchos años que ya no puedo recuperar.

Contrastando brutalmente con la manera en que fui criada, Dave creció en un hogar cristiano. Su madre era una mujer de Dios que oraba y enseñaba a sus hijos a dar. Como resultado de su crianza, Dave desarrolló cualidades que yo nunca había visto en toda mi vida cuando le conocí. Su ejemplo ha sido de un incalculable valor para mí. Si él no hubiera sido tan paciente, lo cual es un aspecto del amor, estoy segura de que nuestro matrimonio no hubiera durado, pero gracias a Dios que ha durado; y tras cuarenta y dos años de matrimonio, puedo decir honestamente que cada vez es mejor. Ahora soy más feliz que nunca porque pongo más en la relación que nunca. Realmente disfruto viendo a Dave hacer cosas que él disfruta, y eso contrasta mucho con todos los años en los que me enojaba cada vez que no se hacían las cosas "a mi manera".

Yo siempre estaba en mi mente, y nada cambió hasta que me harté de que toda mi vida "fuera en torno a mí", a mí y después a mí. Jesús vino para abrir las puertas de la prisión y liberar a los cautivos (ver Isaías 61:1). Él me ha liberado de muchas cosas, y la más grande de todas, de mí misma. ¡He sido liberada de mí misma! Sigo creciendo diariamente en esta libertad, pero estoy agradecida de darme cuenta de que el verdadero gozo no consiste en hacer siempre las cosas a mi manera.

Quizá, al igual que yo, usted tampoco tuvo muy buenos ejemplos en su vida y necesita desaprender algunas de las cosas que aprendió en sus primeros años. Sea honesto: ¿Cómo responde cuando no consigue lo que quiere? ¿Se enoja? ¿Gruñe y se queja? ¿Es capaz de confiar en que Dios cuidará de usted, o vive en temor de que si no cuida de usted mismo, nadie más lo hará? Creer que usted tiene que cuidar de sí mismo le llevará al egoísmo, lo cual conduce a una vida desdichada. Le insto a alejarse del egoísmo hoy y a comenzar a valorar, cuidar y realmente amar a otros.

El egoísmo es una decisión

La mayoría de nosotros pasamos una gran cantidad de tiempo pensando, hablando y haciendo planes para nosotros mismos. Aunque yo enseño claramente que debemos amarnos de una forma equilibrada, no creo que debamos estar tan enamorados de nosotros mismos que seamos el centro de nuestro mundo y que de lo único que nos preocupemos sea de conseguir lo que queremos. Sin duda alguna, debemos cuidar de nosotros porque somos muy valiosos para los planes de Dios en la tierra. Él nos dio vida para que pudiéramos disfrutarla (ver Juan 10:10), así que tenemos que hacerlo, pero no debemos olvidar que el verdadero camino a la felicidad es dar nuestra vida en lugar de intentar guardarla para nosotros.

Jesús dice que, si queremos ser sus discípulos, debemos olvidarnos de nosotros mismos, dejar de mirar por nuestros propios intereses y seguirle (ver Marcos 8:34). Ahora bien, admito que este es un pensamiento difícil, pero yo tengo ventaja porque he vivido lo suficiente como para haberlo intentado y descubrir que funciona. Además, Jesús dijo que si dejamos la vida "más baja" (la vida egoísta) podemos tener la vida "más alta" (la vida desinteresada), pero si nos quedamos con la vida más baja perderemos la más alta (ver Marcos 8:35). Él nos da opciones con relación a cómo viviremos: Él nos dice cuál es la que funciona mejor, y luego nos deja decidir si lo hacemos o no. Yo puedo seguir siendo egoísta, al igual que usted, pero la buena noticia es que no tenemos que hacerlo, ya que tenemos el poder de Dios disponible para ayudarnos a olvidarnos de nosotros mismos y vivir para mejorar la vida de otra persona.

El viaje

El egoísmo no es un comportamiento aprendido, sino que nacemos con él. Es una parte innata de nuestra naturaleza. La Biblia

se refiere a ello como "naturaleza de pecado". Adán y Eva pecaron contra Dios por hacer lo que Él les dijo que no hicieran, y el
principio del pecado que establecieron pasó para siempre a todas
las personas que han nacido después de ellos. Dios envió a su
Hijo Jesús para morir por los pecados, y para librarnos de ellos.
Él vino para deshacer lo que hizo Adán. Cuando aceptamos a
Jesús como nuestro Salvador, Él viene a nuestra vida en nuestro espíritu, y si permitimos que esa parte renovada de nosotros
reine en nuestras decisiones, podemos vencer la naturaleza de
pecado que está en nuestra carne. Esta no se va, pero Aquel que
vive en nosotros y es mayor nos ayuda a vencerlo diariamente
(ver Gálatas 5:16). Eso no significa que no pequemos nunca, pero
podemos mejorar y progresar a lo largo de nuestras vidas.

Ciertamente no puedo decir que haya vencido el egoísmo
totalmente, y dudo que alguien lo pueda hacer. Decir eso sería
decir que no pecamos nunca, porque todos los pecados tienen
la raíz en algún tipo de egoísmo. Yo no he vencido el egoísmo
por completo, pero tengo la esperanza de mejorar cada día.
Estoy en un viaje y, aunque puede que no llegue, he decidido
que cuando Jesús venga a llevarme a casa me encontrará esforzándome por conseguir ese objetivo (ver Filipenses 3:12-13).

El apóstol Pablo hizo la siguiente declaración: "y ya no vivo
yo sino que Cristo [el Mesías] vive en mí" (Gálatas 2:20). Pablo
quería decir que ya no vivía para sí y su propia voluntad, sino
para Dios y su voluntad. Un día me animó mucho descubrir a
través del estudio que Pablo hizo esta declaración aproximadamente veinte años después de su conversión. Aprender a vivir sin
egoísmo fue un viaje para él, al igual que lo es para todos. Pablo
también dijo: "Que cada día muero [encaro la muerte cada día y
muero a mí mismo]" (1 Corintios 15:31). En otras palabras, poner

a los demás en primer lugar era una batalla diaria y requería decisiones diarias. Cada uno de nosotros debemos decidir cómo vivirá y por qué vivirá, y no hay mejor momento para hacerlo que ahora mismo. Usted y yo tenemos sólo una vida para vivir y una vida para dar, así que la pregunta es: "¿Cómo viviremos?". Yo creo firmemente que si cada uno de nosotros hacemos nuestra parte para poner el bienestar de otros en primer lugar, entonces podemos ver y ser parte de una revolución que tiene el potencial de cambiar el mundo.

Ningún hombre es una isla

Estoy segura de que ha oído la célebre frase de John Donne: "Ningún hombre es una isla". Estas palabras son simplemente una manera de expresar el hecho de que los seres humanos nos necesitamos unos a otros y nos afectamos unos a otros. Igual que la vida de mi padre me afectó de forma negativa y la vida de Dave me afectó de forma positiva, nuestras vidas pueden afectar, y afectan, a otras personas. Jesús nos dijo que nos amásemos unos a otros porque esa es la única forma por la que el mundo conocerá que Él existe (ver Juan 13:34-35). Dios es amor, y cuando mostramos amor en nuestras palabras y acciones, estamos mostrando a la gente cómo es Dios. Pablo dijo que somos embajadores de Dios, sus representantes personales, y que Él está haciendo su llamamiento al mundo a través de nosotros (ver 2 Corintios 5:20). Cada vez que pienso en este versículo, lo único que puedo decir es: "¡Guau! Qué privilegio y responsabilidad".

Una de las lecciones que tuve que aprender en la vida fue que no podía tener privilegio sin responsabilidad. Ese es uno de los problemas de nuestra sociedad actual. ¡La gente quiere lo que no está dispuesta a ganarse! El egoísmo dice: "Dámelo. Lo quiero y lo quiero ahora". La sabiduría dice: "No me des nada que no sea lo suficientemente maduro para manejarlo adecuadamente". Al mundo le falta gratitud y, en una gran medida, es porque ya no queremos esperar o sacrificarnos por nada. He descubierto que las cosas por las que estoy más agradecida son aquellas por las que he tenido que trabajar y esperar más. Las cosas que llegan fácilmente normalmente no tienen mucho valor para nosotros.

De muchas maneras, estamos educando a una generación de niños para que sean egoístas, porque les damos demasiadas cosas demasiado pronto. A menudo les compramos una bicicleta un año antes de que puedan montarla o un auto cuando cumplen los dieciséis años de edad. Pagamos sus tasas universitarias, les compramos la casa cuando se casan y les llenamos esas casas con muebles caros. Luego, cuando nuestros hijos terminan con problemas económicos, si es posible les sacamos de ahí y estamos a su lado cada vez que nos necesitan. Hacemos esas cosas en nombre del amor, ¿pero realmente estamos amando a nuestros hijos o simplemente les estamos consintiendo? A veces, al hacer esas cosas, los padres están intentando "pagar" por el tiempo que no pasaron con sus hijos cuando eran más jóvenes. Darles a los niños muchas cosas suaviza su culpa, y si es una opción, darles dinero es fácil cuando los padres llevan unas vidas muy ocupadas.

A todos nos encanta bendecir a nuestros hijos, pero deberíamos ejercitar la disciplina en cuánto hacemos por ellos. El rey Salomón nos advierte que usemos "el consejo de prudencia" (ver Proverbios 1:3). A veces decir "No" puede ser el mejor regalo que podemos dar a nuestros hijos porque puede ayudar a enseñarles las valiosas lecciones del privilegio y la responsabilidad.

Muestre la generosidad

Sea ejemplo de una vida generosa no sólo delante de sus hijos, sino también delante de aquellos con los que tiene contacto. Si usted es un dador en vez de un tomador en la vida, no tardarán mucho en darse cuenta de que usted es bastante distinto a la gente que ellos están acostumbrados a tratar. Después, cuando sean testigos de su gozo, incluso podrán ser capaces de unir los puntos y darse cuenta de que dar hace a las personas más felices que ser egoístas. La gente está observando, y me sorprende lo que ven y de lo que se acuerdan.

Pablo dijo que permitiera que todos los hombres supieran y vieran su generosidad, su consideración, su espíritu paciente (Filipenses 4:5). Jesús nos animó a dejar que todos los hombres vieran nuestras buenas obras para que reconocieran y glorificaran a Dios (ver Mateo 5:16). Jesús no quería decir que fuésemos presumidos o que hiciéramos las cosas con el ánimo de ser vistos, sino que nos estaba animando a darnos cuenta de lo mucho que afectamos a la gente que nos rodea. Ciertamente, el comportamiento negativo afecta a otros, como ya he mencionado, pero la generosidad también afecta a los que nos rodean de formas positivas y hace feliz a las personas.

¿Qué ocurre conmigo?

Ahora mismo puede que piense: *¿Y qué ocurre conmigo? ¿Quién va a hacer algo por mí?* Esto es normalmente lo que nos impide vivir de la manera en que Dios quiere que vivamos. Siempre volvemos al "yo". ¿Qué pasa conmigo, qué pasa conmigo, qué pasa conmigo? Estamos tan acostumbrados a que nuestros deseos sean satisfechos, que el pensar en olvidarnos de nosotros mismos aunque sólo sea por un día nos aterra. Pero si somos capaces de reunir el valor de intentarlo, nos sorprenderemos de la libertad y el gozo que experimentaremos.

Durante una gran parte de mi vida, me despertaba cada día y me quedaba en la cama haciendo planes para mí misma. Pensaba en lo que quería y lo que sería mejor para mí, y cómo convencería a mi familia y mis amigos para que cooperasen con mis planes. Me levantaba y comenzaba el día conmigo en mente, y cada vez que las cosas no salían como yo quería me desilusionaba, me impacientaba, me frustraba e incluso me enojaba. Pensaba que no era feliz porque no estaba consiguiendo lo que yo quería, pero *realmente* no era feliz porque lo único que hacía era intentar conseguir lo que *yo* quería sin preocuparme realmente de otros.

Ahora que estoy descubriendo que el secreto del gozo está en dar mi vida en vez de intentar retenerla, mis mañanas son bastante distintas. Esta mañana, antes de comenzar a trabajar en este capítulo, oré y luego me tomé un tiempo para pensar en todas las personas que sabía que vería durante el día. Luego oré Romanos 12:1, que habla de dedicarnos a Dios como sacrificios vivos, ofreciendo todas nuestras facultades a Él para que las use. Al pensar en la gente con la que trabajaría o a la que probablemente vería hoy, le pedí al Señor que me mostrase cualquier cosa que yo pudiera hacer por ellos. Me mentalicé para animarles y elogiarles. Seguro que todos podemos encontrar una cosa bonita que decir a cada persona que conocemos. Simplemente intentar hacerlo nos ayudará a mantener nuestra mente fuera de nosotros mismos. Confío en que el Señor me guiará mientras voy avanzando en el día.

Si quiere dedicarse a Dios para que pueda usarle para amar y ayudar a otros, le sugiero que ore así: "Señor, te ofrezco mis ojos, oídos, boca, manos, pies, corazón, finanzas, dones, talentos, habilidades, tiempo y energía. Úsame para ser una bendición dondequiera que vaya hoy".

> "Señor, te ofrezco mis ojos, oídos, boca, manos, pies, corazón, finanzas, dones, talentos, habilidades, tiempo y energía. Úsame para ser una bendición dondequiera que vaya hoy".

Nunca conocerá el gozo de vivir así a menos que lo intente. Yo lo llamo un "hábito santo", y, como todos los hábitos, se debe practicar para que se convierta en hábito. Algunos días, todavía me encierro en mi misma y me olvido de practicar mi nuevo hábito, pero rápidamente me recuerdo a mí misma, cuando pierdo mi gozo y entusiasmo por la vida, que una vez más me he desviado del camino.

He estado intentando vivir así durante varios años, y ha sido una batalla. La "vida del yo" está profundamente incrustada en cada fibra de nuestro ser, y no muere fácilmente. He leído libros sobre el amor, he leído una y otra vez lo que la Biblia dice sobre ello, y he orado al respecto. He hablado de ello con amigas, he predicado sobre ello y he hecho todo lo que puedo para mantenerlo fresco en mi pensamiento. A veces, cuando me doy cuenta de que he vuelto a ser egoísta, no me desilusiono, porque desilusionarme conmigo misma sólo me hace volver a centrarme en el yo. Cuando fallo, le pido a Dios que me perdone y vuelvo a comenzar; y creo que esa es la mejor postura. Pasamos demasiado tiempo sintiéndonos mal por nosotros mismos por los errores que cometemos, y qué pérdida de tiempo es eso. Sólo Dios puede perdonarnos, y Él está más que dispuesto a hacerlo si se lo pedimos.

Sí, creo firmemente que la raíz del problema del mundo es el egoísmo, pero es posible vivir en el mundo y al mismo tiempo rehusar ser como el mundo. Si se une a mí para comenzar una Revolución de Amor, si decide hacer un cambio radical en la forma en que ha vivido y comienza a vivir de manera agresiva para amar en vez de para ser amado, entonces podrá ser parte de la solución en lugar de ser parte del problema. ¿Está listo para comenzar?

CAPÍTULO
3

Nada bueno ocurre por accidente

Has visto bien —dijo el Señor—, porque yo estoy alerta
para que se cumpla mi palabra.

Jeremías 1:12

Ninguna revolución de las que haya cambiando el mundo ocurrió por accidente. En algunos casos, comenzaron sólo con unas cuantas personas discutiendo sobre cambios que se necesitaban. Ya sea que esos acontecimientos que cambiaron la Historia nacieran de una inquietud informal o por una revolución bien planificada, nunca ocurrieron porque sí, sino que fueron deliberados, intencionales, apasionados y estratégicos. Comenzaron porque alguien se negó a no hacer nada; alguien rehusó simplemente "dejar las cosas como estaban"; alguien se negó a ser pasivo y ocioso mientras la injusticia corría de manera desenfrenada. Las revoluciones ocurren porque alguien decide actuar.

Actúe ahora

La Biblia está llena de instrucciones para que seamos activos. La dirección para ser activo en lugar de pasivo es bastante simple, pero millones de personas la ignoran totalmente. Quizá crean que las cosas mejorarán por sí solas, pero no lo harán. Nada bueno ocurre por accidente. Una vez que aprendí eso, mi vida cambió para bien.

Desear algo no produce los resultados que deseamos, sino que debemos hacer de manera agresiva lo que haya que hacer para lograrlos. Nunca encontraremos un hombre exitoso que pasara su vida deseando tener éxito y lo alcanzara. Ni tampoco encontraremos a un hombre que no hiciera nada y de alguna manera se convirtiera en alguien exitoso. El mismo principio se aplica a ser parte de la Revolución de Amor. Si queremos amar a la gente como Jesús nos mandó, tendremos que hacer algo intencionadamente, porque no ocurrirá por accidente.

La Biblia dice que tenemos que *esforzarnos* por lo bueno (ver 1 Tesalonicenses 5:15). *Esforzarse* es una palabra que significa "reclamar, perseguir y seguir". Si perseguimos oportunidades, seguro que las encontraremos y eso nos protegerá de estar ociosos y sin fruto. Debemos preguntarnos si estamos alertas y activos o pasivos e inactivos. ¡Dios está alerta y activo! Y yo estoy contenta de que lo esté, pues de lo contrario, las cosas en nuestras vidas se deteriorarían rápidamente. Dios no sólo creó el mundo y todo lo que vemos y disfrutamos en él, sino que también lo mantiene de manera activa porque sabe que las cosas buenas no ocurren por sí solas, sino que son el resultado de la acción correcta (ver Hebreos 1:3).

La actividad equilibrada e inspirada por Dios nos impide estar ociosos y sin fruto y, por tanto, nos sirve como una protección para nosotros. Estar activo haciendo las cosas correctas nos impedirá hacer cosas malas. Parece que no tenemos que poner mucho esfuerzo en el intento de hacer lo malo, ya que nuestra tendencia humana va en esa dirección si no decidimos hacer lo correcto.

Por ejemplo, no tenemos que escoger la enfermedad; lo único que tenemos que hacer es estar ahí y la tendremos. Pero la salud hemos de escogerla. Para estar saludable, tengo que tomar buenas decisiones constantemente, como el ejercicio, el sueño y la nutrición. He de escoger no preocuparme o estar ansiosa porque sé que eso me cansará y posiblemente me origine otros síntomas físicos. Para estar saludable, debo invertir activamente en mi salud, pero me puedo enfermar fácilmente al no hacer absolutamente nada por cuidar de mí misma.

La carne es perezosa

El apóstol Pablo nos enseña claramente que la carne es perezosa, lujuriosa y deseosa de hacer muchas cosas pecaminosas (ver Romanos 13:14). Gracias a Dios que somos algo más que carne. También tenemos un espíritu, y en la parte espiritual de un cristiano es donde mora la naturaleza de Dios. Dios es bueno, y el hecho de que Él vive en nosotros significa que tenemos bondad en nosotros. Con nuestro espíritu podemos disciplinar y gobernar la carne, pero requiere esfuerzo. Requiere cooperar con el Espíritu Santo que nos fortalece y capacita para hacer cosas buenas. Pablo dice que no tenemos que proveer para la carne, y creo que una manera de hacer provisión para ella es ¡sencillamente no hacer nada!

No hacer nada es adictivo. Cuanto más estamos sin hacer nada, más queremos no hacer nada. Estoy segura de que ha tenido usted la experiencia de quedarse en su casa todo el día tirado sin hacer nada y ver que, cuanto más tiempo estaba así, más difícil le resultaba levantarse. Cuando se acaba de levantar, se siente rígido y cansado, pero a medida que sigue forzándose a moverse su energía regresa.

Hoy me levanté un poco desanimada. Trabajé mucho todo el fin de semana haciendo una conferencia y todavía estoy un poco cansada. Además, experimenté una desilusión personal por algo que esperaba. Me apetecía tumbarme en el sofá y compadecerme de mí misma todo el día, pero como tengo años de experiencia haciendo eso y he descubierto que no da fruto, decidí tomar otra decisión. Decidí seguir adelante y escribir este capítulo sobre la actividad. ¡Fue mi manera de hacer guerra contra la forma en que se sentía mi carne! Cuanto más escribo, mejor me siento.

En situaciones donde nuestra carne nos tienta a ser perezosos, podemos comenzar a vencer pidiéndole a Dios que nos ayude y tomando la firme decisión de estar activos en lugar de ociosos. Después, cuando nos lancemos a actuar en base a nuestras decisiones, descubriremos que nuestros sentimientos se ponen a la altura de las mismas. Dios me ha dado un espíritu de disciplina y autocontrol para días como el de hoy, pero depende de mí si quiero escoger o no usar lo que Él me ha dado o simplemente seguir los apetitos de la carne.

Pablo también escribe sobre los "cristianos carnales", que son personas que han aceptado a Jesucristo como su Salvador, pero nunca colaboran con el Espíritu Santo para desarrollar una madurez espiritual. En 1 Corintios 3:1-3 Pablo les dijo a los cristianos que tenía que hablarles como a hombres no espirituales de la carne en los que predominaba la naturaleza carnal. Ni siquiera podía enseñarles cosas fuertes, sino que tenía que quedarse con lo que llamaba "mensajes de leche". Les dijo que no eran espirituales porque permitían que los impulsos normales y corrientes les controlaran. ¿Permite usted que los impulsos normales y corrientes le controlen? Hoy yo me vi muy tentada a dejar que los impulsos normales y corrientes me controlaran, y, para ser honesta, probablemente tendré que resistir la tentación durante todo el día estando activa haciendo algo que creo que dará buen fruto. No puedo permitirme ceder a mis sentimientos porque no quiero malgastar ni un sólo día.

No hay recompensa para la pasividad

Ninguno de nosotros puede permitirse el lujo de perder el tiempo sin hacer nada. Dios no recompensa la pasividad. Las personas pasivas no usan su libre albedrío para hacer lo que saben que está bien, sino que esperan a que les apetezca hacer algo o a que una fuerza exterior misteriosa les motive. Desearían que ocurriera algo bueno, especialmente a ellos, y están comprometidos a no hacer nada mientras esperan a ver si ocurre. Dios no aplaude esta actitud; de hecho, es bastante peligrosa.

Una decisión de no hacer nada sigue siendo una decisión, y es una decisión que nos hace ser cada vez más débiles. Le da al diablo más y más oportunidades de controlarnos. El espacio vacío sigue siendo un lugar, y la Palabra de Dios enseña que si el diablo viene y encuentra un lugar vacío, rápidamente ocupa ese espacio (ver Mateo 12:43-44). La inactividad indica que estamos de acuerdo y aprobamos cualquier cosa que ocurra. Después de todo, si no hacemos nada para cambiarlo, entonces debemos pensar que cualquier cosa que ocurra está bien.

Haga algo

Hemos llevado a varias personas en nuestros viajes misioneros para ministrar a la gente desesperadamente necesitada, pero no todos responden de la misma manera. Todos sienten compasión cuando ven las terribles condiciones en las que vive la gente de los pueblos remotos de África, India u otras partes del mundo. Muchos lloran; la mayoría mueven sus cabezas y piensan que esas situaciones son terribles, pero no todos deciden hacer algo para cambiar las condiciones. Muchos oran para que Dios haga algo, y están contentos de que nuestro ministerio esté haciendo algo, pero nunca piensan en buscar a Dios fervientemente para ver si ellos mismos pueden hacer algo. Me atrevería a decir que la mayo-

> Recuerde: la indiferencia busca excusas,
> pero el amor encuentra la manera.

ría de ellos vuelven a casa, retoman sus ocupadas vidas otra vez y pronto se olvidan de lo que vieron. Pero gracias a Dios que hay algunos individuos que están decididos a encontrar formas de marcar una diferencia. Recuerde: la indiferencia busca excusas, pero el amor encuentra la manera. ¡Todos podemos hacer algo!

Recuerdo a una señora que decidió que *tenía* que ayudar de alguna forma. Durante un tiempo no veía la manera de hacerlo porque no tenía dinero extra para aportar y no podía ir a vivir al campo misionero. Pero al seguir orando por la situación, Dios le animó a mirar lo que sí tenía, no lo que no tenía, y se dio cuenta de que era muy buena haciendo tartas, pasteles y galletas, así que le preguntó a su pastor si podía hornear durante la semana y ofrecer sus tartas para vender los domingos después de la reunión y donar el dinero para las misiones. Eso se convirtió, para ella y otros miembros de la iglesia, en una forma de involucrarse en las misiones, y la mantuvo activa haciendo algo para ayudar a los demás.

También conozco a una mujer que estaba tan desesperada por hacer algo, que se cortó su hermosa y larga melena y la vendió para ayudar a huérfanos. Puede que esto suene radical, pero puedo asegurar que es mucho mejor que no hacer nada. No hacer nada es peligroso, porque abre puertas para que el enemigo esté activo en nuestra vida.

Otra mujer que entrevisté es terapeuta de masajes, y tras asistir a una de nuestras conferencias donde hablé de la necesidad de alcanzar a otros, organizó un día especial de spa y decidió que todas las ganancias serían para ayudar a la gente pobre. Recaudó mil dólares para las misiones, y también testificó que el día que lo dio fue algo increíble para ella y los que asistieron. Compartió cómo se emocionaron todos de estar trabajando juntos para ayudar a los pobres y necesitados.

Todos necesitamos ser amados, pero creo que nuestro gozo personal está fuertemente ligado a amar a otros. Algo hermoso ocurre en nuestro corazón cuando damos.

La inactividad invita al enemigo

Estar tirado en el sofá o en la mecedora pidiéndole a Dios que cuide de todo lo que hay que hacer es fácil, pero nos deja ociosos y sin fruto, y abiertos a los ataques del enemigo. Si nuestras mentes están vacías de buenos pensamientos, el diablo las puede llenar fácilmente con malos pensamientos. Si estamos ociosos e inactivos, puede tentarnos fácilmente a hacer el mal e incluso cosas pecaminosas. La Biblia nos dice con bastante frecuencia que estemos activos porque eso nos impedirá estar ociosos y no dar fruto. Si pensamos de manera agresiva en lo que podemos hacer por los demás, no habrá espacio en nuestra mente para los malos pensamientos.

La gente ociosa se desanima fácilmente, se deprime y se llena de autocompasión. Puede caer en todo tipo de pecados. El apóstol Pablo incluso dijo que si una mujer joven se queda viuda, debería volver a casarse, pues, de lo contrario se puede convertir en una chismosa e entrometida (ver 1 Timoteo 5:11-15). Pablo, de hecho, hasta dijo que algunas de las viudas más jóvenes, por la inactividad, ya se habían ido en pos de Satanás. ¿Es importante permanecer activos? Creo que los escritos de Pablo afirman que es muy importante.

De hecho, en las Escrituras Dios nos anima a no estar inactivos. En los tiempos del Antiguo Testamento, cuando una persona moría los israelitas sólo podían hacer luto por ese ser querido durante treinta días (ver Deuteronomio 34:8). Al principio, esto puede parecer algo falto de sensibilidad, pero Dios hizo esa ley porque sabía que el luto prolongado y la inactividad pueden acarrear serios problemas.

Debemos estar activos —no excesivamente involucrados para no caer en el agotamiento— e involucrados lo suficiente como para estar caminando en la dirección correcta. El equilibrio es muy importante. No podemos pasar todo nuestro tiempo ayudando a otras personas, pero, por otro lado, no dedicar nada de tiempo también nos crea grandes problemas. Si puede pensar en alguien que conozca que está ocioso, inactivo y pasivo, probablemente también reconocerá que es muy infeliz porque la inactividad y la falta de gozo van de la mano.

Hace varios años mi tía tuvo que mudarse a un centro de día con asistencia. Durante los primeros tres o cuatro años no quería hacer nada. Estaba triste por haber tenido que dejar su hogar, y no tenía ganas de participar en la nueva vida que afrontaba. Aunque había muchas actividades disponibles e incluso oportunidades de ayudar a otros, ella insistía en no hacer nada. Día tras día se sentaba en su apartamento y estaba muy desanimada. Se sentía mal físicamente, y a menudo era difícil llevarse bien con ella. Hasta que finalmente tomó la decisión de que no podía estar ahí sentada sin hacer nada, y se involucró en un estudio bíblico y en visitar a los pacientes del ala de la tercera edad del edificio. Jugaba a juegos, iba a fiestas e hizo muchas amigas. Muy pronto me empezó a contar que era más feliz de lo que lo había sido nunca, y que físicamente se sentía muy bien.

Las condiciones de una persona inactiva pasan de malas a peores hasta que su inactividad comienza a afectar cada área de su vida. La persona pasiva se permite a sí misma que su entorno y sus circunstancias le zarandeen de un lado para otro. Permite que sus sentimientos le dirijan, y como nunca le apetece hacer nada, simplemente observa y contempla cómo se derrumba su vida. Quiere hacer muchas cosas, y sin embargo le inunda un sentimiento que es casi indescriptible. Se siente ocioso y no tiene ideas creativas, e incluso puede empezar a pensar que algo anda mal físicamente y que por eso no tiene energías. Para esa persona, la vida se ha convertido en una sucesión de problemas insuperables.

Permitirnos ser personas inactivas a menudo ocurre después de haber experimentado un revés o una serie de desilusiones, o cuando la tragedia nos alcanza, lo cual trataré al final de este capítulo. Cuando ocurren estas cosas, queremos abandonar, pero cuando lo hacemos, Satanás está esperando para abalanzarse y aprovecharse de la situación. No podemos, de ningún modo, dejar que la pasividad le dé al enemigo acceso a nuestras vidas.

Estar activa me ayuda a superar un día malo

Aunque hoy estoy teniendo un "mal día", hay millones de personas en el mundo que creerían que mi día es una fiesta comparado con lo que ellos están afrontando. Durante más de dos décadas, un ejército rebelde en el este de África ha estado esclavizando niños y forzándoles a ser soldados en una guerra iniciada por una milicia guerrillera que tiene el descaro de llamarse el Ejército de Resistencia del Señor. Estas guerrillas aterrorizan a la parte norte de Uganda; raptan a niños a partir de sólo siete años de edad y les obligan a convertirse en soldados o esclavos sexuales, y a hacer otros trabajos degradantes. Algunas estadísticas dicen que entre treinta y cuarenta mil niños han sido secuestrados. Lo que comenzó como una rebelión contra el gobierno se convirtió en la matanza de gente inocente por un comandante que dice que intenta crear una sociedad basada en los Diez Mandamientos, mientras quebranta cada uno de ellos.

Este hombre, Joseph Kony, una vez fue monaguillo en la iglesia católica. Ahora mezcla el Antiguo Testamento con el Corán y rituales tribales tradicionales para crear su propia doctrina. Sus tácticas han sido brutales. Mientras estoy escribiendo, se ha brindado una tregua y muchos de los niños están siendo liberados, pero en la mayoría de los casos, sus padres han sido asesinados, así que no tienen hogares donde regresar. La mayoría de los niños han sido obligados a tomar drogas y se han convertido en drogadictos. Fueron forzados a cometer actos de violencia que serían increíbles para un adulto, así que no digamos para un niño. A los niños pequeños se les obliga a disparar a su familia entera. ¿Qué van a hacer ahora? Vagar por las carreteras llenos de odio intentando encontrar una manera de olvidar lo que han hecho. Necesitarán ayuda, y yo puedo orar hoy y pedirle a Dios que me use. Puedo sacarme a mí misma de mi mente a propósito y pensar en personas como las que acabo de describir, personas que realmente tienen problemas.

Puedo recordar las miradas desesperanzadas que vi en los rostros de la gente cuando tuve el privilegio de viajar a Uganda, y puedo seguir esforzándome para enviarles ayuda. Puedo imaginarme intentando poner una sonrisa en sus caritas para reemplazar el enojo que vi al llegar. Me puedo imaginar cómo serían sus vidas si les ayudamos a construir un pueblo nuevo donde puedan tener padres adoptivos, buena comida, amor y educación, además de una buena enseñanza sobre Jesús y su plan para sus vidas.

Niño soldado

"Por favor, Dios, no más muertes. Hoy no. No puedo ver más".
Así es como fue la oración.

En la distancia, Allen puede oír los gritos, los estallidos de las armas de fuego, y el pánico de un terror absoluto le golpea. Conoce demasiado bien el significado de los sonidos. ¿Cómo podría olvidar? Eran los mismos sonidos que oyó justo antes de que los soldados arrasaran su aldea y raptaran violentamente a su madre y a su padre, golpeándoles brutalmente hasta la muerte para intimidar y coaccionar a otros secuestrados.

En ese terrible día, los rebeldes dejaron a Allen detrás. Pero después de esconderse en el bosque durante semanas con otros cincoww niños, durmiendo en el suelo sin agua ni comida, los rebeldes les encontraron. Allen tenía sólo diez años.

Desde el momento en que fue raptado, le golpeaban dos o tres veces al día y recibía el agua y la comida con escasez. *"Levanta, niño. Es la hora de que veas morir a tus amigos",* le gritó a Allen el soldado rebelde. Fue forzado a mirar sin poder hacer nada mientras los soldados aporrearon a sus amigos en la cabeza hasta que se quedaron inmóviles en un espantoso charco de su propia sangre. Bajo amenazas de muerte, los rebeldes también le obligaron a cometer atroces actos de maldad. Él podía sentir cómo su corazón se adentraba en la oscuridad…

Esta noche, cuando envíen a Allen a buscar leña, piensa escapase. Correrá deprisa… correrá hasta que se caiga si es necesario. La libertad es su sueño, y quizá, si corre muy deprisa, pueda vivir un día en el que no haya matanzas, y quizá comience a sanarse.

Allen actualmente vive en una nueva aldea en Gulu, Uganda, diseñada para albergar y ayudar a niños soldados. Ministerios Joyce Meyer, en colaboración con Ministerios Watoto, está desarrollando esta aldea para alcanzar a niños afectados.

Las estadísticas dicen:

- El Ejército de Resistencia del Señor (LRA) raptó a más de treinta mil niños para trabajar como soldados o esclavos del sexo en Uganda.[1]
- En 2007 había aproximadamente 250.000 niños soldados en todo el mundo.[2]

Mientras estaba decidiendo si debería estar deprimida todo el día, recibí un mensaje de correo electrónico de algunos amigos que han servido a Dios en el ministerio durante más de veinticinco años. Es una puesta al día en cuanto a su hijo de veintidós años, que tiene un cáncer de tiroides muy grave y amenazador. Si miro más allá de mí misma y me doy cuenta de que además de "mí" hay muchísimas cosas más que están ocurriendo en el mundo, gradualmente comienzo a estar menos absorta en mis problemas y más agradecida por mis bendiciones.

Me sorprendo cuando pienso en cómo muchos de nuestros problemas están conectados con aquello en lo que pensamos. Mientras piense en lo que yo quería y no tuve, me deprimo cada vez más, pero cuando pienso en lo que tengo y en las tragedias que están afrontando otras personas, me doy cuenta de que realmente yo no tengo problemas. ¡En lugar de sentir lástima puedo estar agradecida!

Estaré eternamente agradecida de que Dios me siga recordando que debo estar activa haciendo algo bueno, porque recuerde: vencemos el mal con el bien (ver Romanos 12:21). ¿Alguien le ha tratado mal? ¿Por qué no ora por esa persona? Le hará sentir mejor. ¿Ha tenido una decepción? Pídale a Dios que le muestre otras personas que estén más decepcionadas que usted e intente animarles. Esto les ayudará y hará que usted se sienta mejor al mismo tiempo.

El mundo cada vez está siendo más violento. Mientras sigo escribiendo, he recibido otro mensaje, un mensaje de texto informándome de que una iglesia en otra ciudad ha experimentado un tiroteo aleatorio la pasada noche. Dos personas han muerto y cinco han resultado heridas. Me acuerdo de lo que la Biblia dice en Mateo 24, cuando habla de las señales de los últimos tiempos y dice que en medio de la violencia y la tremenda necesidad, el amor de muchas personas se enfriará. Contra eso debemos luchar. No podemos permitir que el amor desaparezca porque, si lo hacemos, le estaremos entregando el planeta a la maldad.

Cuando oí la noticia del tiroteo en la iglesia, podía haber dicho: "Oh, esto es muy triste". Me podía haber sentido mal durante unos minutos y después haber vuelto a mis propias decepciones. Pero me negué a hacer eso, porque no voy a vivir con ese tipo de actitud. Después de oír sobre la crisis, pensé por unos minutos y decidí pedirle a mi hijo que llamara al pastor y se enterase de qué podíamos hacer para ayudarles. Quizá las familias que perdieron a sus seres queridos necesitaran algo o quizá solamente saber que alguien que se interesa les ayudará.

Me sorprendo cuando pienso en la frecuencia con la que pasamos por momentos difíciles y nadie ni siquiera llama. Creo que la gente piensa que todos los demás están haciendo algo, y nadie lo hace.

¿De quién es este trabajo?

Esta es una historia que oí hace años sobre cuatro personas llamadas Todoelmundo, Alguien, Cualquiera y Nadie. Había un trabajo importante que hacer y Todoelmundo estaba seguro que Alguien lo haría. Cualquiera podía haberlo hecho, pero Nadie lo hizo. Alguien se enojó por ello, ya que era el trabajo de Todoelmundo. Todoelmundo pensó que Cualquiera podía hacerlo, pero Nadie se dio cuenta de que Todoelmundo no lo haría. Al final, Todoelmundo culpó a Alguien cuando Nadie hizo lo que Cualquiera podía haber hecho.

Una vez leí sobre un incidente impactante que muestra los principios de esta historia en acción —trágicamente— en la vida real. En 1964, Catherine Genovese fue apuñalada de muerte en un lapso de cuarenta y cinco minutos mientras treinta y ocho vecinos miraban. Su reacción fue descrita como fría y despreocupada, como resultado de la apatía y la alienación urbana. Después, una investigación realizada por Latane y Darley reveló que nadie había ayudado simplemente porque había muchos observadores. Los observadores se miraban unos a otros para saber qué hacer, pero como nadie hacía nada, pensaron que nadie debía hacer nada.

Cada vez es menos probable que la gente reciba ayuda en un momento de necesidad a medida que aumenta el número de espectadores. Un estudiante que al parecer estaba sufriendo un ataque epiléptico recibió ayuda 85 por ciento de las veces cuando sólo había presente un espectador, pero cuando varias personas estaban de pie contemplando recibía ayuda sólo 31 por ciento de las veces.

Este estudio demuestra que cuantas más personas haya sin hacer nada, más gente hará lo mismo, pero si un pequeño grupo de gente comprometida comienza a alcanzar a los demás con amor e interés, sonrisas y cumplidos, aprecio y respeto, etc., el movimiento puede crecer, y crecerá.

Los estudios han demostrado que nos afecta mucho lo que haga la gente que está a nuestro alrededor. Nos miramos unos a otros para saber qué hacer incluso cuando somos totalmente inconscientes de que lo estamos haciendo. La mayoría de la gente estará de acuerdo con la mayoría, incluso cuando realmente no estén de acuerdo, y lo harán para seguir formando parte del grupo.

Si queremos ser parte de la Revolución de Amor, como cristianos debemos ser ejemplo para los demás en vez de meramente fundirnos con el sistema del mundo. Si tan sólo alguien hubiera sido lo suficientemente valiente para pasar a la acción o amar lo suficiente como para ayudar, posiblemente Catherine Genovese hubiera salvado su vida.

¿Está haciendo oraciones que Dios pueda contestar?

Me gustaría sugerirle algo para que lo añadiera a sus oraciones diarias. Cada día pregúntele a Dios qué es lo que puede hacer por Él, y luego, durante el día, busque oportunidades para hacer lo que crea que Jesús haría si estuviera en la tierra en forma humana. Él vive en usted ahora si es cristiano, y usted es su embajador, así que asegúrese de representarle bien. Yo pasé muchos años en mis oraciones de cada día diciéndole al Señor lo que necesitaba que Él hiciese por mí, pero sólo últimamente he añadido esta parte nueva: "Dios, ¿qué puedo hacer por ti hoy?".

Recientemente, le estaba pidiendo a Dios que ayudara a una amiga que estaba pasando por un tiempo muy difícil. Ella necesitaba algo, así que le pedí a Dios que se lo diera. Para sorpresa mía, su respuesta para mí fue: "Deja de pedirme que supla esa necesidad; pídeme que te muestre lo que *tú* puedes hacer". Me he dado cuenta de que a menudo le pido a Dios que haga cosas por mí cuando Él quiere que yo haga esas cosas por mí misma.

> Dios quiere que estemos abiertos a involucrarnos.

Él no espera que haga nada sin su ayuda, pero tampoco Él lo hará todo por mí mientras yo me siento a esperar sin hacer nada. Dios quiere que estemos abiertos a involucrarnos, quiere que usemos nuestros recursos para ayudar a la gente, y si lo que tenemos no es suficiente para suplir sus necesidades, entonces podemos animar a otros a involucrarse para que juntos podamos hacer lo que hay que hacer.

Le animo a que haga oraciones que Dios pueda responder. Usted y Él son socios, y Él quiere trabajar *con* usted y *a través* de usted. Pídale que le muestre qué puede hacer, y dependa de Él no sólo para la creatividad que necesita, sino también para los recursos necesarios para realizarlo.

No tema cuando digo: "Use sus recursos". Estoy hablando

de algo más que el dinero. Nuestros recursos incluyen nuestra energía, tiempo, talentos y posesiones materiales, así como nuestras finanzas. Ayudar a alguien puede que incluya dinero, pero a menudo conlleva tiempo, y creo que estamos tan escasos de tiempo en nuestra sociedad, que a menudo nos cuesta menos escribir un cheque que tomarnos el tiempo de preocuparnos del individuo que tiene la necesidad. He llegado a creer que lo que yo llamo el ministerio de "estar ahí" a menudo es el que más necesita la gente.

Una amiga mía vive en una gran ciudad donde el no tener hogar es un gran problema. Una noche de invierno mi amiga regresaba a casa del trabajo y pasó por el lado de un hombre que estaba pidiendo dinero. Hacía frío y estaba oscuro, había sido un día muy pesado para ella y estaba deseosa de llegar a casa. No queriendo sacar su monedero en una situación muy poco segura, metió la mano hasta el fondo de su bolso intentando buscar unas monedas que darle. Mientras sus dedos buscaban en vano, el hombre comenzó a decirle que le habían robado su abrigo en la casa de acogida donde había pasado la noche anterior, y describió unos cuantos problemas que estaba teniendo. Intentando aún encontrar un par de monedas, había asentido unas cuantas veces y había dicho de vez en cuando un "cuánto lo siento". Cuando finalmente encontró el dinero, lo depositó en la taza del hombre. Él sonrió y dijo: "Gracias por hablar conmigo". Mi amiga dice que esa noche se dio cuenta de que el hombre apreció los cincuenta céntimos que le dio, pero que lo que más significó para él fue el hecho de que alguien hubiera oído sus palabras y le respondiera.

Tenemos un equipo de personas de nuestro ministerio que intenta ayudar a la gente que vive en los túneles debajo del puente de la ciudad. Han descubierto que cada una de esas personas tiene una vida anterior a los túneles, y que todos tienen una historia detrás. Algo trágico les ocurrió que les hizo llegar a su situación actual. Ellos agradecen los sándwiches y los viajes a la iglesia donde se pueden bañar y conseguir ropa limpia, pero principalmente aprecian que alguien se preocupe de hablar con ellos para saber quiénes son y qué les ha pasado.

Permítame animarle a hacer todo lo que pueda para ayudar a otros. Si sólo necesitan que usted esté a su lado, entonces tómese el tiempo de hacerlo. Pregúntele a Dios qué quiere que usted haga, y Él responderá a su oración para que usted pueda hacerlo.

Practique la bondad agresiva

¿Cree usted que el mundo está lleno de injusticia? ¿Cree que se debería hacer algo con los niños que se mueren de hambre? ¿Alguien debería ayudar a los 1,1 millones de personas que no tienen agua potable para beber? ¿Debería la gente vivir en las calles o bajo los puentes? ¿Estaría bien que alguna familia con la que usted va a la iglesia desde hace años experimentara una tragedia y no recibiera ni siguiera una llamada de teléfono de nadie para interesarse por qué no han asistido a la iglesia durante los tres últimos meses? Si una iglesia de otra denominación en su ciudad se quemara, ¿sería apropiado orar solamente y no hacer nada práctico para ayudarles? ¿Cree que alguien debería hacer algo contra la injusticia? De alguna manera creo que usted ha contestado correctamente a todas estas preguntas, así que tengo una última pregunta. ¿Qué está usted haciendo? ¿Será usted el "Alguien" que hace lo que hay que hacer?

Cuando le pregunto qué es lo que va a hacer, ¿quizá siente

miedo porque se pregunta qué supondrá "hacer algo"? Conozco
ese tipo de sentimiento de miedo. A fin de cuentas, si realmente
decido olvidarme de mí misma y comenzar a intentar de manera
agresiva ayudar a alguien, ¿qué me ocurrirá a mí? ¿Quién cuidará de mí si yo no cuido de mí misma? Dios dijo que lo haría,
así que pienso que deberíamos descubrir si realmente Él lo dijo
en serio. ¿Por qué no se retira del "autocuidado" y ver si Dios
puede hacerlo mejor que usted? Si nosotros nos ocupamos de
los asuntos de Él, que es ayudar a los necesitados, creo que Él
cuidará de nosotros.

Tan sólo siga moviéndose

Para terminar este capítulo, permítame decir que soy consciente de que pasan cosas en la vida que hacen que queramos
retirarnos del mundo durante un tiempo. Soy consciente de que
ocurren grandes cambios en la vida que requieren un periodo
de reajuste, y soy consciente de que la pérdida o el trauma pueden hacer que la gente no quiera interactuar o alcanzar a los
demás. Conozco esas cosas, y si usted ha experimentado una
pérdida de cualquier tipo y le ha dejado adormecido y sin ganas
de hacer nada, entiendo cómo se siente; pero quiero animarle a
que se fuerce a usted mismo a seguir moviéndose. Satanás quiere
aislarle porque así quizá no tenga la fuerza para derrotar sus
mentiras por usted mismo. Sé que puede sonarle casi ridículo si
le digo que vaya a ayudar a alguien, pero creo con todo mi corazón que hacerlo es una protección para usted así como una respuesta para los problemas del mundo.

Permítame decirlo de nuevo: creo firmemente que necesitamos una Revolución de Amor. Todos hemos probado el egoísmo y la depresión, el desánimo y la autocompasión, y hemos visto el fruto de todo ello. El mundo está lleno de los resultados de estas cosas. Juntémonos y hagamos un acuerdo para vivir la vida como Dios quiere. Acuérdese de ser una bendición para otros (Gálatas 6:10). Vístase de amor (ver Colosenses 3:14), lo cual significa estar activo en el propósito de alcanzar a otros. Vele y ore para tener oportunidades; ¡sea un espía de Dios! Jesús se levantaba diariamente e iba haciendo el bien (ver Hechos 10:38). Parece simple. Me pregunto cómo se nos ha pasado por alto todo este tiempo.

CAPÍTULO
4

Interrumpido por Dios

Ahora es el tiempo, no mañana, ni ninguna otra época
más conveniente. Es hoy cuando debemos hacer nuestro
mejor esfuerzo, y no algún día futuro o un año futuro.
W.E.B. DuBois

Frecuentemente estoy en hoteles durante mis viajes ministeriales, y cuando estoy en mi habitación siempre pongo el letrero de
"No molestar" en la puerta para que nadie me moleste. Poner
ese letrero en la puerta de mi hotel es algo aceptable, pero tener
uno en mi vida no lo es.

¿Alguna vez se ha dado cuenta de que Dios no siempre hace
cosas según su horario o cuando a usted le conviene? Pablo le
dijo a Timoteo que, como siervo de Dios y ministro del evangelio, tenía que cumplir con sus tareas fuera o no conveniente
para él (ver 2 Timoteo 4:2). Dudo mucho que Timoteo fuera
tan adicto a la comodidad como lo somos hoy día; sin embargo,
Pablo pensó que era importante recordarle que se preparase

para ser incomodado o interrumpido por Dios. Si Timoteo necesitó oír eso, estoy segura de que nosotros también necesitamos oírlo frecuentemente, porque probablemente estemos más apegados a la comodidad que Timoteo. Lo único que tengo que hacer para reconocer lo mucho que valoro la comodidad es escuchar mi propia queja cuando el más mínimo de mis aparatos no funciona bien: el lavaplatos, el aire acondicionado, el secador, la secadora de ropa, la lavadora, el microondas o innumerables cosas más.

Veo a gente en nuestras conferencias en América quejarse porque tienen que estacionar a unas pocas calles del edificio de la conferencia, mientras que en India la gente camina durante tres días para llegar a una conferencia de la Biblia. Veo a gente en América molestando a quienes tienen a su lado para poder ir al baño, o a beber agua, o a hacer una llamada de teléfono, pero en India la gente se sienta en el piso durante literalmente casi todo el día sin tan siquiera considerar levantarse. En mi país, se quejan si hace demasiado frío o demasiado calor; sin embargo, cuando voy a India, a los únicos que oigo quejarse por el calor es a quienes llevo conmigo, incluyéndome yo misma.

Creo que tenemos adicción a la comodidad. No estoy sugiriendo que desconectemos nuestros aparatos modernos, y claro que entiendo que deseemos aquello a lo que estamos acostumbrados, pero necesitamos tener una mentalidad adecuada sobre la comodidad. Sí podemos tenerla, gracias a Dios (literalmente), pero el no poder tenerla nunca debería detenernos de hacer nada que Dios nos pida hacer.

Recuerdo una ocasión, hace varios años, en que una pareja ciega quería venir a nuestras sesiones de enseñanza del miércoles por la noche, las cuáles teníamos en un centro de banquetes en St. Louis. Normalmente tomaban el autobús, pero su ruta normal estaba cortada, así que la única manera que tenían de seguir acudiendo era que alguien les recogiese y les llevara a casa. ¡Qué oportunidad! Pensé que la gente se formaría en fila para ayudar, pero nadie estaba dispuesto a hacerlo porque ellos vivían en un área considerada "fuera de ruta".

En otras palabras, proporcionar transporte para esa pareja hubiera sido incómodo. Recuerdo que uno de nuestros empleados tuvo que hacerlo, lo cual significaba que teníamos que pagar a esa persona. Es increíble cuanto más estamos dispuestos a "ayudar" si sabemos que vamos a conseguir dinero con ello. Debemos recodar que el amor al dinero es la raíz de todos los males. No podemos permitir que el dinero sea nuestra principal motivación en la vida. Todos necesitamos dinero, pero también necesitamos hacer cosas por los demás, y el hecho de que estos actos de bondad sean incómodos a veces es algo bueno para nosotros. A menudo, estas oportunidades son "momentos de prueba", tiempos en los que Dios comprueba para ver si estamos comprometidos o no. Si está dispuesto a hacer algo bueno por alguien sin recibir ni dinero ni reconocimiento, es una señal positiva de que su corazón espiritual está en buena forma.

Cuando Dios quiso ver si los israelitas obedecerían sus mandamientos, les llevó por el camino largo y difícil del desierto (ver Deuteronomio 8:1-2). A veces Él hace lo mismo con nosotros. Estamos muy dispuestos a "obedecer" a Dios cuando es fácil y se nos recompensa rápidamente por nuestros esfuerzos, ¿pero qué ocurre cuando es incómodo, cuando no se ajusta a nuestro plan, y cuando parece que no queda nada para nosotros? ¿Cómo es nuestra obediencia entonces? Estas son preguntas que todos tenemos que hacernos, porque es importante ser sinceros acerca de nuestro compromiso. Es fácil estar en la iglesia y cantar "Te entrego todo", ¿pero qué hacemos cuando la entrega es algo más que una canción y se convierte en un requisito?

Dios, este no es un buen momento

La Biblia nos cuenta una historia sobre un hombre que no siguió a Dios porque hacerlo hubiera sido incómodo. Este hombre, llamado Félix, le pidió a Pablo que fuera a predicarle el evangelio. Pero cuando Pablo comenzó a hablarle sobre llevar una vida recta, pura y controlar las pasiones, Félix se alarmó y se asustó. Le dijo a Pablo que se fuera y que le llamaría en otro momento (ver Hechos 24:25). A mí esto me parece muy divertido, no porque realmente sea divertido, sino porque refleja claramente cómo somos. Nos gusta oír lo mucho que Dios nos ama y los buenos planes que tiene para nuestra vida, pero cuando Él comienza a castigarnos o a corregirnos de alguna forma, intentamos decirle que "ahora" no es un buen momento. Dudo que Él escoja alguna vez un momento que nosotros consideremos "oportuno", ¡y creo que lo hace a propósito!

Cuando los israelitas estaban viajando por el desierto, eran guiados por una nube durante el día y una columna de fuego durante la noche. Cuando la nube se movía, ellos tenían que moverse y cuando se detenía, ellos se quedaban donde estuvieran. Lo interesante aquí es que no había un patrón o un plan que ellos conocieran con relación a cuándo se movería la nube. Simplemente tenían que moverse cuando la nube lo hiciera (ver Números 9:15-23). La Biblia dice que a veces se movía durante el día y otras veces durante la noche. A veces descansaba unos pocos días y otras veces descansaba sólo un día. Dudo mucho que por la noche todos pusieran el letrero de "No molestar" en las aperturas de sus tiendas para que Dios supiera que no querían que se les molestara. Cuando Él decidía que era momento de seguir adelante, empaquetaban todo y le seguían, y cuando Él decide que es momento de que pasemos al siguiente nivel de nuestro viaje en Él, nunca debemos decir: "¡Este no es un buen momento!".

¿No hubiera sido bonito si Dios hubiera provisto un calendario mensual con todos los días en que se iban a mover para que ellos estuvieran preparados mental, emocional y físicamente? Me pregunto por qué no lo hizo. ¿Fue simplemente porque Él nos interrumpe a propósito sólo para ver cómo responderemos?

Dios sabe qué es lo mejor, y su tiempo siempre es preciso. El hecho de que no me *sienta* preparada para tratar con algo en mi vida no significa que no esté preparada. Dios es el jefe del comité de "formas y maneras". Sus caminos no son nuestros caminos, pero son más altos y mejores que los nuestros (ver Isaías 55:9).

¿Por qué no es más fácil?

Si Dios quiere que ayudemos a la gente, ¿por qué no hace que sea fácil y rentable? Permítame responder a esta pregunta con otra pregunta. ¿Sacrificó algo Jesús para comprar nuestra libertad del pecado y de la esclavitud? Me pregunto por qué Dios no hizo el plan de salvación más fácil; a fin de cuentas, podía haber diseñado cualquier plan que hubiera querido y simplemente decir: "Esto va a funcionar". Parece que en la economía de Dios no vale la pena tener nada que sea barato. El rey David dijo que no le daría a Dios nada que no le hubiera costado nada (ver 2

Samuel 24:24). He aprendido que dar de verdad no es dar hasta que puedo sentirlo. Dar toda mi ropa y las cosas de la casa que son viejas y ya no uso puede que sea un bonito gesto, pero no se compara con el verdadero dar. El verdadero dar ocurre cuando le doy a alguien algo que quiero mantener. Estoy segura de que ha pasado usted por esos momentos de prueba en los que Dios le pidió que se desprendiera de algo que le gustaba. Él nos dio a su único Hijo porque nos ama; por tanto, ¿qué nos hará hacer el amor? ¿Podemos al menos ser molestados o incomodados ocasionalmente para ayudar a alguien que tiene una necesidad?

Recientemente vi una historia en televisión sobre una pareja joven que estaba muy enamorada y pronto iban a casarse. Trágicamente, ella tuvo un accidente de tráfico y estuvo en coma durante meses. El hombre con el que se iba a casar se sentó a su lado día tras día y finalmente ella se despertó, pero tenía un daño cerebral y quedaría para siempre inválida e incapaz de hacer muchas cosas por sí misma. El joven ni siquiera consideró no seguir adelante con la boda. Ella entró por el pasillo de la iglesia en silla de ruedas, sin poder hablar claramente debido a sus lesiones, pero obviamente muy contenta. Durante el resto de su vida el joven cuidó de ella y disfrutaron la vida juntos. Con la ayuda y el ánimo de él, incluso participó en las Olimpiadas especiales y pudo lograr cosas increíbles.

Hubiera sido muy fácil, e incluso comprensible para la mayoría de nosotros, si el joven simplemente se hubiera alejado. A fin de cuentas, estar con ella significaba que sería incomodado y tendría que sacrificarse todos los días; sin embargo, no se alejó como muchos hacen cuando se enfrentan a situaciones que serán incómodas para ellos. Él se quedó, y casi con toda probabilidad experimentó más gozo en la vida que la mayoría de nosotros.

Si usted es como yo, realmente disfrutará leyendo sobre gente que se ha sacrificado mucho por el beneficio de otros, pero sospecho que Dios quiere que usted y yo hagamos algo más que leer sus historias. Quizá Él quiere que usted tenga su propia historia.

Incomodado para la comodidad de otro

Dios interrumpirá a una persona y le pedirá que haga algo inconveniente para hacerle la vida más cómoda a otra persona. Debemos entender los caminos de Dios, o nos resistiremos a aquello que debíamos abrazar. La simple verdad es esta: debemos dar para ser felices, y dar no es realmente dar si no sentimos que nos hemos sacrificado.

Pedro, Andrés, Santiago, Juan y los demás discípulos fueron realmente honrados. Fueron escogidos para ser los doce discípulos, los hombres que aprenderían de Jesús y luego llevarían el evangelio al mundo. Estaban todos ocupados cuando Jesús los llamó; tenían sus vidas, sus familias y sus empresas que atender. Sin ningún aviso previo, Jesús apareció y dijo: "Sígueme". La Biblia dice que Pedro y Andrés estaban echando sus redes en el mar cuando Jesús les llamó, y dejando sus redes le siguieron (ver Mateo 4:18-21). ¡Eso es hablar de interrupciones! No les dijo que podían orar al respecto, o considerarlo, o ir a casa y hablar con sus esposas e hijos, sino que simplemente dijo: "Sígueme".

Ellos no preguntaron cuánto tiempo estarían fuera o qué salario tendrían; no preguntaron por los beneficios, el tiempo de compensación por los viajes o en qué tipo de hotel se quedarían. Ni siguiera le preguntaron en qué consistiría su trabajo, simplemente lo dejaron todo y le siguieron. Incluso cuando leo sobre eso ahora, debo admitir que parece un tanto severo, pero quizá cuanto mayor es la oportunidad, mayor debe ser también el sacrificio.

Recuerdo una vez que me estaba quejando de algunas cosas que Dios al parecer me estaba pidiendo, porque sentía que otros no tuvieron que pasar por lo mismo. Él simplemente dijo: "Joyce, tú me has pedido mucho. ¿Lo quieres o no?". Yo le había pedido ser capaz de ayudar a gente en todo el mundo, y estaba aprendiendo que el privilegio de hacerlo frecuentemente sería incómodo e inoportuno.

Es imposible tener una cosecha sin sembrar la semilla. El rey Salomón dijo que si esperamos a que todas las condiciones sean favorables para sembrar, nunca cosecharemos nada (ver Eclesiastés 11:4). En otras palabras, debemos dar y obedecer a Dios cuando no es oportuno y cuando es costoso. Quizá esos doce hombres fueron los escogidos porque estuvieron dispuestos a hacer lo que otros no estuvieron dispuestos. Aunque la Biblia no dice que Jesús llamó a nadie que le rehusara, quizá sí lo hizo. Quizá tuvo que llamar a miles para conseguir doce. Por lo menos pienso que así es como son las cosas hoy. Las personas que están dispuestas a sacrificarse, a ser incomodadas y a que se les alteren sus planes son pocas. Muchos cantan de su amor por Jesús y eso es bonito, pero también debemos recordar que, aunque cantar es divertido, no requiere ningún sacrificio. El verdadero amor requiere un sacrificio.

Creo que no hay mucho amor de verdad que se muestre en el mundo porque se necesita esfuerzo y siempre cuesta algo. Tenemos que recordar esta realidad si vamos a participar seriamente en una Revolución de Amor. Siempre es sabio calcular el costo antes de hacer ningún tipo de compromiso, o de lo contrario, probablemente no terminaremos lo que empezamos.

Interrumpido por Dios

Cuanto más estudio a los hombres y mujeres de la Biblia a los que consideramos "grandes", más veo que todos hicieron grandes sacrificios y no había nada cómodo en lo que Dios les pedía que hicieran.

Abraham tuvo que dejar su país, sus familiares, y su hogar para ir a un lugar que ni siquiera Dios le dijo cuál era hasta que llegó allí. Quizá pensó que terminaría en un palacio como rey o algo así, pero en lugar de eso vagó de sitio en sitio, viviendo en tiendas temporalmente. Terminó en Egipto —una tierra que era "opresiva (intensa y penosa)"— en medio de una hambruna (Génesis 12:10). Aunque el sacrificio fue grande, Abraham recibió el privilegio de ser el hombre con quien Dios hizo un pacto, y por medio del cual todas las familias de la tierra tendrían la oportunidad de ser bendecidas por Dios (ver Génesis 22:18). ¡Guau!

José salvó a una nación de morir de hambre, pero no sin que antes Dios le sacara violentamente de su cómodo hogar donde era el favorito de papá y le pusiera en un lugar incómodo durante muchos años. Dios lo hizo para posicionar a José en el lugar oportuno en el momento justo. Pero José sólo pudo saberlo después de que ocurriera todo. A menudo no entendemos por qué estamos donde estamos, y decimos: "Dios, ¿qué estoy haciendo aquí?". Sé que yo le he dicho eso muchas veces a Dios, y aunque Él no me respondió en ese momento, ahora puedo mirar atrás y darme cuenta de que cada lugar donde estuve se convirtió en parte de donde estoy hoy día.

Ester salvó a los judíos de la destrucción, pero Dios ciertamente interrumpió el plan de ella para que pudiera hacerlo. Era una joven soltera que, sin lugar a dudas, tendría planes para su futuro cuando, de repente, sin previo aviso, le pidieron que entrara en el harén del rey y se ganara su favor para poder revelar el plan del malvado Amán, que pretendía matar a los judíos.

Le pidieron que hiciera cosas que la dejaron aterrorizada, pero su tío dijo sabiamente: "Si ahora te quedas absolutamente callada, de otra parte vendrán el alivio y la liberación para los judíos, pero tú y la familia de tu padre perecerán. ¡Quién sabe si no has llegado al trono precisamente para un momento como éste!" (Ester 4:14).

Si ella no hubiera hecho el sacrificio, Dios habría encontrado a otra persona, pero salvar a su pueblo era su destino, su propósito en la vida. No se pierda su propósito en la vida sólo porque no quiere que Dios interrumpa sus planes.

La lista de personas que entraron en una obediencia costosa sigue y sigue. La Biblia dice de estos hombres que "el mundo no merecía gente así" (Hebreos 11:38).

Estas personas sobre las que leemos fueron incomodadas para que las vidas de otras personas pudieran ser más fáciles. Jesús murió para que nosotros pudiéramos tener vida, y vida en abundancia. Soldados mueren para que civiles puedan estar seguros en casa. Padres van a trabajar para que sus familias puedan tener casas bonitas, y madres soportan los dolores de parto para traer otra vida a este mundo. Parece bastante obvio que normalmente alguien tiene que experimentar dolor o incomodidad para que otros obtengan algo.

Este capítulo es muy importante, porque si ser parte de una Revolución de Amor es meramente una idea que le hace sentir bien, cambiará de opinión en cuanto a ser parte de ella cuando se dé cuenta de que tendrá que hacer algunas cosas que preferiría no hacer para caminar en amor. Puede que tenga que arreglarse con alguien del que preferiría apartarse, porque el amor soporta los fallos y las debilidades de otros. Puede que tenga que quedarse en un lugar no muy divertido simplemente porque usted es la única luz en la oscuridad. Puede que tenga que dejar un lugar porque el entorno le incita a pecar. De hecho, Abraham estuvo viviendo en medio de adoradores de ídolos, incluyendo su familia, así que no es de extrañar que Dios le pidiera que se alejara del lugar y de la gente. A veces, Dios debe separarnos de lo que nos es familiar para mostrarnos lo que quiere que veamos.

> Si toma usted la decisión de que no le importa la incomodidad o la interrupción, entonces Dios puede usarle.

Si toma usted la decisión de que no le importa la incomodidad o la interrupción, entonces Dios puede usarle. Usted puede marcar la diferencia en el mundo, pero si sigue siendo adicto a su propia comodidad, Dios tendrá que cambiarle por otra persona con un estómago más fuerte para las cosas duras de la vida.

Sodoma y Gomorra

Probablemente haya oído de Sodoma y Gomorra y la terrible maldad de esas ciudades, pero concretamente ¿qué hicieron que le desagradó tanto a Dios? A menudo tenemos la idea de que finalmente su perversión sexual llevó a Dios al límite e hizo que las destruyera, pero, de hecho, fue una situación bastante distinta la que le hizo actuar contra ellos. Me sorprendí cuando descubrí el porqué de su destrucción. Lo descubrí mientras leía las Escrituras sobre la necesidad de alimentar a los pobres. "Tu hermana Sodoma y sus aldeas *pecaron* de soberbia, gula, apatía, e indiferencia hacia el pobre y el indigente. Se creían superiores a otras, y en mi presencia se entregaron a prácticas repugnantes. Por eso, tal como lo has visto, las he destruido" (Ezequiel 16:49-50, énfasis mío).

El problema de Sodoma y Gomorra fue que tenían demasiado y no lo compartían con los que tenían necesidad. Estaban ociosos y vivían con un estilo de vida excesivamente cómodo, lo cual les guió a cometer actos abominables. Vemos claramente en esto que la ociosidad y la demasiada comodidad no son buenas para nosotros, y nos llevan a más problemas. No compartir lo que tenemos con los que tienen menos no es bueno para nosotros, y es peligroso porque ese tipo de estilo de vida egoísta abre la puerta para que el mal progrese. Estas cosas no sólo no son buenas para nosotros, sino que también son ofensivas para Dios, ya que espera que seamos canales por donde Él pueda fluir, no reservas que se quedan con todo lo que les llega.

Apreciamos todas las comodidades que tenemos a nuestro alcance hoy, pero de alguna manera pienso que Satanás las está usando para destruir cualquier disponibilidad a ser incomodado para obedecer a Dios o ayudar a otros que tienen necesidad. Nos hemos hecho adictos a lo fácil, y hemos de tener cuidado. Como a la mayoría de la gente, me gustan las cosas bonitas y cómodas. Me gusta la comodidad, pero también he hecho un esfuerzo para no quejarme cuando no tengo las cosas como yo las quiero. También me doy cuenta de que la incomodidad es casi siempre parte de ayudar a otros, y sé que he sido llamada por Dios a ayudar a gente y a hacerlo con una buena actitud.

No me gusta que me interrumpan cuando estoy escribiendo. Es muy incómodo para mí cuando me interrumpen, porque entonces tengo que trabajar para volver hacia atrás en el fluir de lo que estaba queriendo decir. Hace tan sólo unos momentos he sido probada. Sonó mi teléfono, y vi que era una mujer que yo sabía que necesitaba que la escuchase probablemente durante un rato debido a un problema matrimonial. Yo no quería necesariamente dejar de escribir, pero sentí que debía hacerlo porque esa mujer en particular es una persona muy conocida que no tiene a nadie en quien poder confiar y con quien poder hablar. Sólo porque una persona sea muy conocida en el mundo no significa que no se encuentre sola. Ella es una mujer solitaria, internacionalmente conocida, con un problema, y Dios quería que yo interrumpiera mi escritura sobre el amor ¡para ponerlo en práctica! Piense esto... Dios quiere que practiquemos lo que decimos que creemos.

CAPÍTULO
5

El amor encuentra una manera

El fracaso nunca me vencerá si mi determinación
a tener éxito es lo suficientemente fuerte.
Og Mandino

El deseo es un potente motivador. Finalmente me he encontrado
con la verdad de que si realmente quiero hacer algo, buscaré una
manera de hacerlo. La gente frecuentemente me pregunta cómo
hago todo lo que hago, y simplemente digo: "Porque es lo que
quiero hacer". Me doy cuenta de que Dios me ha dado gracia y
ha puesto deseos en mi corazón, pero es el hecho de que *quiero*
hacer ciertas cosas lo que me motiva a hacerlas. Quiero hacer
lo que Dios quiere que haga; quiero ayudar a la gente y quiero
cumplir mi destino, o como dijo el apóstol Pablo: "Quiero terminar mi carrera".

Puede que usted diga: "¿Y qué ocurre si no tengo ese deseo?".
Obviamente, usted desea hacer la voluntad de Dios o, de lo
contrario, hubiera dejado este libro tras leer el primer capítulo.

Si tiene una relación con Dios a través de Jesucristo, entonces tiene el deseo de hacer el bien porque Él le ha dado su corazón y su Espíritu. Ezequiel 11:19 promete esto: "Yo les daré un corazón íntegro [un nuevo corazón], y pondré en ellos un espíritu renovado. Les arrancaré el corazón de piedra [endurecido no de forma natural] que ahora tienen, y pondré en ellos un corazón de carne [sensible y que responda al toque de su Dios]". Puede que nos hagamos perezosos, pasivos o egoístas y necesitemos tratar esos asuntos a veces, pero, como creyentes, es imposible tener el corazón de Dios y no querer obedecerle y ayudar a la gente.

Imagino que la pregunta es: "¿Cuánto lo quiere? ¿Quiere hacer la voluntad de Él más de lo que desea hacer la suya propia? ¿Lo quiere tanto como para sacrificar otras cosas por ello?

Recientemente un joven me contó lo infeliz que era. Siguió contándome que sabía que Dios le estaba llamando a subir a un lugar más alto, pero sentía que no estaba dispuesto a hacer el sacrificio necesario. Me sentí triste por él, porque no quiero que se pierda el gozo que hay al otro lado del sacrificio. Oro para que pueda cambiar de idea.

Si realmente queremos hacer algo, encontraremos una manera de hacerlo. A menos que admitamos esto, pasaremos el resto de nuestra vida engañados por nuestras propias excusas sobre por qué no podemos hacer cosas. Las excusas son muy peligrosas, y creo que son una de las principales razones por las que no progresamos como queremos. Quizá a usted le gustaría hacer ejercicio, pero pone una excusa sobre el porqué no puede. Quizá quiera pasar más tiempo con su familia, pero tiene una excusa sobre por qué no puede, Quizá se dé cuenta de que necesita dar más de usted mismo para ayudar a otros y quizá quiere hacerlo, pero siempre hay razones (excusas) por las que finalmente no lo hace. Satanás es quien nos da excusas; hasta que no reconozcamos que las excusas nos están manteniendo engañados y desobedientes, estaremos atascados en una vida sin gozo y sin fruto.

Un buen prójimo

Jesús dijo: "Ama al Señor tu Dios con todo tu corazón, con todo tu ser, con todas tus fuerzas y con toda tu mente", y: "Ama a tu prójimo como a ti mismo" (Lucas 10:27). Siguió diciéndole al intérprete de la ley a quien le estaba hablando que si hacía así, viviría, lo cual significaba que disfrutaría de una vida eterna en el reino de Dios activa y bendecida. Queriendo absolverse de cualquier reproche, el intérprete de la ley dijo: "¿Y quién es mi prójimo?". Quería saber exactamente quién eran esas personas a las que supuestamente debía mostrarles amor, y Jesús respondió contándole una historia.

Un hombre que se encontraba de viaje fue atacado por unos ladrones que le quitaron sus pertenencias y le golpearon, dejándole medio muerto, tirado en un lado del camino. Por allí pasó un sacerdote (un hombre religioso) que vio que el hombre necesitaba ayuda, y pasó y se fue al otro lado del camino. No sé si ya estaba en el otro lado del camino o si cruzó el camino para que el hombre herido ni siquiera le viera y evitara así que le pidiera ayuda, pero se aseguró de no caminar junto al hombre herido. Luego otro hombre religioso, un levita, pasó por allí y también se cruzó al otro lado del camino. Quizá esos hombres religiosos tenían prisa por llegar a la iglesia y no tenían tiempo de hacer lo que la iglesia les debía haber estado enseñando a hacer. La gente religiosa a menudo responde ante la necesidad con palabras religiosas pero sin ofrecer ayuda práctica. Creo que ese es uno de los mayores problemas que tenemos hoy día en el cristianismo. Estamos orgullosos de lo que supuestamente "sabemos", pero en muchos casos no estamos haciendo mucho con el conocimiento que tenemos. Hablamos mucho, pero no siempre mostramos a la gente lo que tienen que ver, o sea, el amor en acción.

Después de esos dos hombres religiosos que pasaron de largo junto al hombre que desesperadamente necesitaba ayuda, un hombre samaritano, no un hombre particularmente religioso, viajaba por el camino. Cuando se dio cuenta del hombre necesitado, fue movido a misericordia y se acercó a él y vendó sus heridas. Después de eso, le puso en su propio caballo y le llevó a una posada, le dio al posadero el costo de dos días y le dijo que cuidara del hombre hasta que él regresara, y entonces le pagaría todo lo que hubiera gastado de más. Jesús entonces preguntó al intérprete de la ley cuál de los tres hombre demostró ser un buen prójimo (ver Lucas 10:27-37).

Hay varios aspectos de esta historia que captan mi atención. En primer lugar, como ya he mencionado, los hombres religiosos no hicieron nada. ¡Debemos rehusar no hacer nada! Aunque lo que podamos hacer sea poco, debemos encontrar una manera de hacer algo cuando se trata de suplir las necesidades que Dios nos ponga delante. Admito que hay veces en que lo único que podemos hacer es orar o quizá ofrecer algo de ánimo verbal, pero deberíamos al menos ser lo suficientemente agresivos para buscar una manera de ayudar. Al menos deberíamos pensar en ello y no solamente suponer que no podemos hacer nada, o peor aún, encontrar una excusa para no hacer nada simplemente porque no queremos que nos molesten.

Lo siguiente que me sorprende en esta historia es que el

samaritano pasó por bastantes problemas para ayudar al hombre. Imagino que retrasó su viaje de manera significativa. Obviamente, iba a algún lugar donde tenía que ir porque dejó al hombre herido el tiempo suficiente como para ocuparse de sus negocios antes de regresar. Hizo una inversión de tiempo y dinero, y estuvo dispuesto a ser incomodado para cuidar de alguien en necesidad.

También veo que el samaritano no dejó que una emergencia le distrajera de su propósito original. Esto también es importante, porque a veces la gente se deja llevar por las emociones de compasión y no es capaz de enfocarse en sus metas lo suficiente como para llevarlas a cabo. A nuestra hija Sandra le encanta, le encanta, le encanta ayudar a la gente, y eso es bueno, pero ayer mismo llamó pidiéndome que orase por ella para que tuviera equilibrio y claridad sobre a quién ayudar y hasta qué punto. Ella tiene hijas gemelas que cuidar, enseña una clase para padres en su iglesia, y también tiene otros compromisos con los que siente que tiene que ser fiel y, al mismo tiempo, sigue oyendo de necesidades ¡y siempre queriendo ayudar! Con bastante frecuencia se involucra en ayudar sin tan siquiera pensar detenidamente en lo que eso significará o cómo puede ayudar sin pasar por alto sus otras prioridades. El resultado es que a veces, en su buen deseo de ayudar, termina frustrada y confundida, lo cual no es para nada la voluntad de Dios.

Yo animé a Sandra a hacer lo que hizo el samaritano de la historia de Jesús, y le animaría a usted a hacer lo mismo. Esté dispuesto a cambiar su plan y a ser incomodado, y esté dispuesto a dar algo de tiempo y dinero si es necesario para ayudar a suplir las necesidades, pero no intente hacerlo todo usted sólo cuando hay otros que pueden ayudar también. El samaritano incluyó en la lista al posadero para que le ayudara a suplir la necesidad, para así poder seguir enfocado en lo que se dirigía a hacer cuando se detuvo.

Al diablo no parece importarle la zanja en la que estemos mientras no estemos en medio de la carretera. En otras palabras, las personas o no hacen nada, o intentan hacerlo todo y luego se desaniman o sienten finalmente que se están aprovechando de ellos. Cada aspecto de nuestras vidas requiere un equilibrio, incluso el área de ayudar a otros. He aprendido por las malas que no puedo hacer todo y bien, y esto nos ocurre a todos. Pero no puedo dejar que el temor de involucrarme demasiado me haga no involucrarme nada.

También veo que el samaritano no puso los límites con respecto a lo que permitiría que le costase esa necesidad. Le dijo al posadero que le daría lo que costase cuidar del hombre herido cuando regresara. Raras veces encontramos a alguien dispuesto a hacer *cualquier cosa* que haya que hacer.

Como dije, a veces debemos poner límites para proteger nuestras demás prioridades, pero, en este caso, el hombre aparentemente tenía mucho dinero, así que no tenía necesidad de poner límites. Actuó con una actitud de generosidad, no de temor. Quizá Dios no nos pida a ninguno de nosotros que hagamos todo lo que se necesite para resolver un problema o suplir una necesidad, pero quiere que cada uno de nosotros haga lo que puede. Y en caso de que Él nos pidiera que lo hiciésemos todo, ¡entonces deberíamos hacerlo! Dar nuestro todo es desafiante y estira nuestra fe a nuevos niveles, pero también nos da la libertad de saber que nada en este mundo nos tiene atrapados.

Recuerdo una vez cuando Dios me pidió que diera todo lo que había ahorrado de mi dinero personal, incluyendo todos los vales-obsequios. Este nuevo nivel de sacrificar *todo* fue difícil, porque había estado ahorrando el dinero durante mucho tiempo y tenía planes de ir a comprar en el momento adecuado. Aunque parezca extraño, los vales-obsequios fue lo más difícil. Tenía algunos muy buenos que había recibido en mi cumpleaños, y disfrutaba tan sólo de saber que estaban disponibles para cuando yo quisiera usarlos. Estaba acostumbrada a dar, pero dar *todo* era un nuevo nivel. Tras un tiempo de discutir con Dios y poner cada excusa que se me ocurría, finalmente obedecí. El dolor de desprenderme de las posesiones fue momentáneo, pero el gozo de obedecer y el saber que las posesiones no me tenían atrapada fue algo duradero.

Esa fue la primera vez que fui probada de esta manera, pero no ha sido la última. Dios escoge el momento para probarnos y es necesario para nuestro bien, pues nos mantiene desapegados de las cosas. Dios quiere que disfrutemos de lo que Él nos da, pero también quiere que recordemos que somos administradores, no propietarios. Él es el Señor, y nuestro trabajo es servirle con gozo con todo nuestro corazón y con cada recurso que tengamos.

¿Quién es mi prójimo?

¿A quién debería ayudar y quién es su prójimo? Es cualquiera que se encuentre en su camino con una necesidad. Puede que sea alguien que necesita que le escuchen, o quizá alguien que necesita un halago o algo de ánimo. Podría ser alguien que necesite un poco de su tiempo o quizá alguien a quien usted pueda ayudar a suplir una necesidad económica. Quizá su prójimo es alguien que se siente solo y necesita que usted se muestre amigable.

Dave recientemente me dijo que Dios había tratado con él sobre dedicar tiempo a ser amigable. Yo siempre he pensado que es muy amigable, pero él siente que Dios quiere que dedique incluso más tiempo a ello. Le pregunta a la gente todo tipo de cosas sobre sus vidas para mostrarles que se interesa por ellos como individuos. No conoce de nada a muchas de las personas con las que pasa tiempo, y probablemente nunca las vuelva a ver. A veces son ancianos o gente de otro país que no habla inglés muy bien y se pueden sentir un poco desplazados. Recientemente me habló de un discapacitado al que otros estaban mirando fijamente en una cafetería. Dave se tomó el tiempo de hablar con el caballero, aunque su discapacidad hacía que no se le entendiera muy bien.

A menudo evitamos a la gente que es diferente a nosotros de alguna manera, porque nos hacen sentir incómodos o incapaces. Quizá deberíamos pensar más en cómo se sienten ellos en lugar de hacer lo que es conveniente para nosotros.

La lista de maneras en que podemos mostrarnos como buenos prójimos es probablemente interminable, pero si realmente queremos ayudar a la gente y ser una bendición, encontraremos la manera. Recuerde: la indiferencia pone excusas, pero el amor encuentra una manera.

Pequeñas cosas con un gran impacto

Jesús no malgastó su tiempo, así que podemos suponer que todo lo que hizo era muy significativo y contiene una gran lección para aprender. Pensemos en la ocasión en que decidió lavar los pies a sus discípulos (ver Juan 13:1-17). ¿De qué se trataba todo eso? Él tenía en mente varias lecciones que quería enseñarles a sus discípulos, una de las cuales era la necesidad de servirnos unos a otros. Jesús era y es el Hijo de Dios. De hecho, es Dios manifestado en la segunda persona de la Trinidad, así que huelga decir que Él es realmente importante, y seguro que no era necesario que lavara los pies de nadie, especialmente de unos tipos que eran sus estudiantes. Pero lo hizo porque quería enseñarles que ellos podían estar en autoridad y seguir siendo siervos al mismo tiempo. Hoy día, muchos no han aprendido esa importante lección.

En tiempos de Jesús, los pies de la gente estaban bastante sucios. Las personas viajaban por caminos de tierra y usaban zapatos que consistían básicamente en unas cintas con una suela. La costumbre de la época era lavar los pies de los invitados cuando entraban en una casa, pero normalmente esa tarea estaba reservada para los siervos, no para el señor de la casa. Jesús, de hecho, se quitó la túnica y se puso la toalla de un siervo. Ese fue otro gesto con la intención de enseñarles una lección. Quería mostrar que podemos dejar a un lado nuestras "posiciones" en la vida el tiempo suficiente para servir a otros y no tener miedo de perderlas.

Pedro, el discípulo más ruidoso, rehusó vehementemente consentir que Jesús lavara sus pies, pero Jesús dijo que si no lavaba los pies de Pedro, ellos dos no podrían ser verdaderos amigos. En otras palabras, tenían que hacer cosas el uno por el otro para que su relación fuera sana y fuerte. ¿Cuántos matrimonios se podrían salvar, o al menos mejorar grandemente, si las parejas aplicaran este principio?

Hace unos años decidí que no estaba dispuesta a tener más relaciones unilaterales: relaciones en las que yo siempre doy y la otra persona siempre recibe. Ese tipo de interacción no es una verdadera relación, y al final siempre causa resentimiento y amargura. No sólo deberíamos hacer cosas el uno por el otro, sino que *necesitamos* hacer cosas el uno por el otro. Esto es parte de mantener unas buenas relaciones.

> No solo deberíamos hacer cosas el uno por el otro, sino que necesitamos hacer cosas el uno por el otro.

Hacemos mucho por nuestros hijos, pero ellos también hacen cosas por nosotros. Puede que lo que hagan sea algo que podríamos hacer nosotros fácilmente, pero ellos necesitan tanto darnos como recibir de nosotros, y necesitamos que lo hagan.

Dar no siempre tiene que ser como respuesta a una necesidad imperiosa. Puede que seamos guiados a dar algo a alguien que pareciera que no necesita lo que podemos hacer por él. Si no hay necesidad, ¿entonces por qué hacerlo? Simplemente porque el dar algo anima a las personas y les hace sentirse amadas, y todos necesitamos sentirnos amados independientemente de cuántas "cosas" tengamos. Use los recursos que tiene para ser una bendición, y nunca se quedará sin recursos.

Lavar los pies era una tarea pequeña reservada para los siervos, pero contenía una gran lección: humíllese y esté dispuesto a hacer cosas pequeñas que puedan tener un gran impacto.

Las pequeñas cosas significan mucho

Llevamos a la banda Delirious? a India con nosotros en un viaje misionero, y Stu, su baterista en ese entonces, recibió una pequeña cinta de cuero de una niña pobre que la usaba de pulsera. El pequeño gesto de amor de uno que tiene tan poco fue algo que cambió la vida de Stu. Él ha dicho públicamente que, mientras viva, nunca olvidará la lección que recibió. Si alguien con tan poco estuvo dispuesta a dar, ¿qué podría hacer él? Sí, las pequeñas cosas pueden tener un gran impacto.

¿Qué cosa pequeña podría hacer usted? Jesús lavó los pies y dijo que seríamos bienaventurados y dichosos si seguíamos su ejemplo. A continuación hay una lista parcial de algunas cosas que la Biblia dice que podemos y deberíamos hacer unos por otros:

- Cuidar unos de otros
- Orar unos por otros
- Acordarnos de ser una bendición
- Buscar cómo ser amables con los demás
- Ser amigables y hospitalarios
- Ser pacientes unos a otros
- Soportar los fallos y debilidades de otros
- Darles a los demás el beneficio de la duda
- Perdonarnos unos a otros
- Consolarnos unos a otros
- Ser fieles
- Ser leales
- Edificarnos unos a otros: animar a otros, recordándoles sus puntos fuertes cuando se sientan débiles
- Alegrarnos por la gente cuando sean bendecidos
- Preferirnos unos a otros (dejar que alguien pase primero o darle lo mejor de algo)
- Considerarnos unos a otros

- Guardar los secretos de la gente y no hablar de sus fallos
- Creer lo mejor unos de otros

Como dije, esta es una lista parcial. El amor tiene muchos rostros o muchas maneras en que se puede ver. Discutiremos varias de ellas en este libro. Las ideas que enumeré aquí son cosas relativamente simples que todos podemos hacer si estamos dispuestos. No tenemos que hacer grandes planes para la mayoría de ellas, sino que las podemos hacer a lo largo del día a medida que se nos presenten las oportunidades.

> Por lo tanto, siempre que tengamos la oportunidad,
> hagamos bien [moralmente] a todos...
> *Gálatas 6:10*

El amor debe expresarse

A menudo pensamos en el amor como una cosa, pero la palabra amor también es un verbo. El amor debe hacer algo para seguir siendo lo que es. Parte de la naturaleza del amor es que requiere una expresión. La Biblia pregunta que si vemos una necesidad y cerramos nuestro corazón de compasión, cómo puede el amor de Dios permanecer y vivir en nosotros (ver 1 Juan 3:17). El amor se hace cada vez más y más débil si no encuentra una manera de expresarse; de hecho, puede llegar a quedarse totalmente inactivo. Si nos proponemos estar activos haciendo cosas por los demás, podemos evitar ser egoístas, ociosos y no dar fruto. El acto quintaesencial de amor es que Jesús entregó su propia vida por nosotros, y nosotros debemos entregar nuestra vida unos por otros. Esto suena extremista, ¿no es cierto? Afortunadamente, a la gran mayoría de nosotros nunca se nos pedirá que demos físicamente nuestra vida, pero tenemos oportunidades cada día de "entregar" nuestra vida por otros. Cada vez que usted deja a un lado su propio deseo o necesidad y lo reemplaza por un acto de amor por alguien, está entregando su vida por un momento, o una hora, o un día.

Si estamos llenos del amor de Dios, y lo estamos porque el Espíritu Santo llena nuestros corazones de amor cuando nacemos de nuevo, entonces debemos dejar que el amor fluya de nosotros. Si se estanca debido a la inactividad, no vale para nada. Dios amó tanto al mundo que dio a su único Hijo (ver Juan 3:16). ¿Lo capta? ¡El amor de Dios le hizo dar! No vale de nada decir que amamos a la gente si no hacemos nada por ellos. Ponga un gran letrero en su casa, quizá en varios lugares, que diga: "¿Qué he hecho hoy para ayudar a alguien?". Esto le servirá para recordarle su meta mientras desarrolla nuevos hábitos y se convierte en un revolucionario del amor.

El amor tiene que ver con la acción, no es una teoría o simplemente palabras. Las palabras son importantes, y podemos usar nuestras palabras como un método para amar a la gente, pero deberíamos usar todas las formas posibles para seguir mostrando el amor entre nosotros.

¿Qué puede hacer hoy para mostrarle amor a alguien? Tómese un tiempo para pensar en ello y haga un plan. Que no pase este día sin que haya aumentado un poco el gozo de otra persona.

CAPÍTULO
6

Venza con el bien el mal

Lo único que se necesita para que triunfe el mal
es que los hombres buenos no hagan nada.

Edmund Burke

No hacer nada es fácil, pero también es muy peligroso, porque donde no hay oposición al mal, éste se multiplica. Todos caemos a menudo en la trampa de quejarnos de las cosas que están mal en nuestra sociedad y en la vida, pero quejarse no hace nada salvo desanimarnos más. No cambia nada, porque no hay poder positivo en ello.

Imagínese qué lío habría en el mundo si lo único que hiciera Dios fuese quejarse por todo lo que ha ido mal desde que Él lo creó. Pero Dios no se queja, sino que sigue siendo bueno y trabajando por la justicia. ¡Él sabe que puede vencer el mal con el bien! El mal es algo poderoso, no cabe duda, pero el bien es aún más poderoso.

Tenemos que detenernos y darnos cuenta de que Dios obra a través de su pueblo. Sí, Dios es bueno siempre, pero ha escogido

trabajar en esta tierra a través de sus hijos: usted y yo. Es humi-
llante darse cuenta de que Él podría hacer mucho más si estuviéramos comprometidos a amar y hacer el bien todo el tiempo.
Tenemos que recordar el mandato de Jesús en Mateo 5:16: "Hagan
brillar su luz delante de todos, para que ellos puedan ver las buenas obras de ustedes y alaben al Padre que está en el cielo".

La bondad es poderosa

Cuanto más respondamos al mal con mal, más aumentará. Me
acuerdo de una película titulada *El Cid*, la historia del hombre
que unificó España y se convirtió en un gran héroe usando el
principio del que estoy hablando. Durante siglos, los cristianos
habían luchado contra los moros. Se odiaban y mataban entre
sí. En la batalla, El Cid capturó a cinco moros, pero no quiso
matarlos porque se dio cuenta que matar no había provocado
ningún bien. Creía que mostrar misericordia a sus enemigos
cambiaría sus corazones, y entonces ambos grupos podrían
vivir en paz. Aunque inicialmente fue considerado un traidor
por sus acciones, finalmente demostró que funcionaba y fue
honrado como un héroe.

Uno de los moros que capturó dijo: "Cualquiera puede matar,
pero sólo un verdadero rey puede mostrar misericordia a sus
enemigos". Por ese acto de bondad, los enemigos de El Cid se
ofrecieron como amigos y aliados desde ese momento en adelante. Jesús es un verdadero rey y es bueno, amable y misericordioso con todos. ¿Podemos hacer menos que seguir su ejemplo?

Ahora mismo, ¿se acuerda de alguien a quien pudiera mostrarle
misericordia? ¿Hay alguien que le haya tratado mal a quien le

pueda hacer algún bien? Ser bueno y misericordioso, especialmente con sus enemigos, puede ser una de las cosas más poderosas que haya hecho jamás.

La oración funciona

En los últimos años hemos visto cómo el mal ha progresado rápidamente por medio de todas las cosas malas que nos muestra la
televisión y se representan en las películas. Me horrorizó hace
unos años cuando los videntes comenzaron a tener programas en
la televisión. Se ofrecían para decirle a la gente su futuro por una
cantidad de dinero. Cualquiera que estuviera dispuesto a pagar
unos dólares por minuto llamaba y tenía una "lectura". Frecuentemente me he quejado de eso, haciendo comentarios como:
"Creo que es terrible que se les permitan cosas como estas en la
televisión. Tantas personas perdiendo su dinero y siendo engañados". Escuché a muchos otros decir básicamente lo mismo,
hasta que un día Dios soltó este pensamiento en mi corazón: *Si tú
y todos los que se quejan hubieran dedicado ese tiempo a orar por los
videntes, yo ya podría haber hecho algo al respecto.* Comencé a orar
y a pedir a otras personas que hicieran lo mismo. No mucho después, la mayoría de esos programas, si no todos, fueron expues-
tos como fraudulentos y dejaron de emitirlos.

A menudo tendemos a quejarnos sobre lo que "ellos" están
haciendo, como yo hice cuando "ellos" comenzaron a trans-
mitir por televisión a esos videntes; sin embargo, no hacemos
nada para mejorar la situación. La oración es algo bueno que
sí tiene poder para vencer el mal, así que deberíamos orar por
todo aquello de lo que nos sintamos tentados a quejarnos. Dios

considera como algo malo la queja y la murmuración, pero las oraciones llenas de fe son poderosas y eficaces. La oración abre la puerta para que Dios obre y haga algo bueno.

Responda debidamente a la maldad

Mientras intentaban hacer su viaje por el desierto para llegar a la Tierra Prometida, los israelitas encontraron pruebas y dificultades y respondieron quejándose, gruñendo y murmurando por cada una de ellas. Participaron en la inmoralidad de todo tipo y uno de sus pecados fue la queja, la cual permitió que el destructor accediera a sus vidas y muchos de ellos murieron (ver 1 Corintios 10:8-11). Si hubieran respondido a sus pruebas permaneciendo agradecidos a Dios, adorándole y alabándole, y siendo buenos unos con otros, creo que su estancia en el desierto hubiera sido mucho más corta. En vez de eso, la mayoría de ellos perecieron en el desierto y nunca alcanzaron su destino. Me pregunto cuántas veces nunca vemos los buenos resultados que deseamos simplemente porque respondemos a cosas malas que ocurren con quejas en lugar de oración, alabanza, agradecimiento y esforzándonos por alcanzar a otras personas en necesidad.

Fe y amor

Durante muchos, muchos años, una gran cantidad de la enseñanza que oí en la iglesia y en conferencias era sobre la fe, y los libros que leía eran sobre la fe, así que parecía que el tema principal de la enseñanza en todo el mundo cristiano era: "Confía en Dios y todo estará bien".

Sin fe no podemos agradar a Dios (ver Hebreos 11:6), así que definitivamente necesitamos poner nuestra fe en Él y confiar en Él, pero hay algo más en la Palabra de Dios que creo que completa el cuadro que necesitamos ver. Lo compartiré con usted, pero primero déjeme contarle algunas de mis experiencias en los primeros años de mi viaje con Dios.

Recibí a Jesús como mi Salvador a la edad de nueve años, pero no entendí lo que tenía en Él o cómo una relación con Él podría cambiar mi vida porque no tenía una "educación continua" en los asuntos espirituales. El hogar donde crecí era disfuncional, por decirlo suavemente. Mi padre era alcohólico, infiel a mi madre con numerosas mujeres, y muy violento y enojado. Como mencioné anteriormente, también abusaba sexualmente de mí de manera regular. La lista sigue y sigue, pero estoy segura de que se imagina el panorama.

Bien, ahora avanzamos en mi vida hasta la edad de veintitrés años. Me casé con Dave y comencé a ir a la iglesia con él. Amaba a Dios y quería aprender, así que tomé clases que finalmente me permitieron ser confirmada en la denominación, e iba a la iglesia regularmente. Aprendí sobre el amor y la gracia de Dios, y también aprendí muchas doctrinas de la iglesia que eran importantes para el fundamento de mi fe.

A la edad de treinta y dos años, me di cuenta de que estaba muy frustrada porque mi cristianismo no parecía ayudarme en mi vida práctica de todos los días. Creía que iría al cielo cuando muriese, pero quería desesperadamente que alguien me ayudara a sobrellevar cada día en la tierra con paz y gozo. Mi alma estaba llena de dolor por el abuso en mi infancia, y manifestaba ese dolor cada día en mis actitudes y mi incapacidad para mantener buenas relaciones.

La Palabra de Dios nos dice que si le buscamos diligentemente le encontraremos (ver Proverbios 8:17), así que comencé a buscar a Dios por mi cuenta para encontrar lo que fuera que no tenía, y tuve un encuentro con Él que me acercó mucho más a Él. De repente, parecía que Él estaba muy presente en mi vida cotidiana, y comencé a estudiar diligentemente para conocerle mejor. Parecía que a cada sitio donde iba, oía sobre la fe. Aprendí que podía aplicar mi fe a muchas circunstancias, lo cual abriría una puerta para que Dios se involucrara y me ayudara.

Creía con todo mi corazón que los principios que estaba aprendiendo eran correctos, pero aún experimentaba gran frustración porque no podía conseguir que funcionaran en mi vida, al menos no hasta el punto hasta el cual tan desesperadamente necesitaba que lo hicieran. En aquel entonces Dios estaba usándome en el ministerio, y mi ministerio a otros de hecho era bastante grande. Definitivamente, había hecho un progreso enorme, pero aún sentía muy dentro de mi corazón que faltaba algo, así que una vez más comencé a buscar a Dios seriamente. En mi búsqueda y estudio más profundo supe que lo que me faltaba era la lección principal que Jesús había venido a enseñarnos: amar a Dios, amarnos a nosotros mismos y amar a otros (ver Mateo 22:36-39). Había aprendido mucho sobre la fe mientras caminaba con Dios, pero no había aprendido sobre el poder del amor.

Confía en Dios y haz el bien

Durante los varios años de mi viaje de aprendizaje sobre este maravilloso tema, me di cuenta de que la fe sólo funciona a través del amor. Según Gálatas 5:6, la fe se "activa y vigoriza y expresa" a través del amor.

El Espíritu Santo me llevó a estudiar el salmo 37:3: "Confía [apóyate, depende de y ten seguridad] en el Señor, y haz el bien". Me quedé sorprendida al darme cuenta de que sólo tenía la mitad de lo que necesitaba para saber conectar adecuadamente con Dios. Tenía la parte de la fe (confiar), pero no la parte de "haz el bien". Quería que me ocurrieran buenas cosas, pero no estaba demasiado interesada en ser buena con los demás, particularmente cuando yo estaba herida o estaba pasando por un tiempo de prueba personal.

El salmo 37:3 abrió mis ojos para ver que había estado confiando en Dios, pero no me había concentrado en hacer el bien. No sólo tenía una carencia en esta área, sino que me di cuenta de que la mayoría de los demás cristianos que conocía probablemente se encontraban en la misma condición que yo. Todos estábamos ocupados "creyendo" a Dios por las cosas que queríamos. Orábamos juntos y soltábamos nuestra fe a través de la oración unánime, pero no nos juntábamos y discutíamos qué podíamos hacer por otros mientras estábamos esperando que nuestras necesidades fueran suplidas. Teníamos fe, ¡pero no había sido vigorizada por el amor!

No quiero dar la impresión de que estaba totalmente absorta en mí misma, porque no era el caso. Estaba trabajando en el ministerio y quería ayudar a la gente, pero mezclados con mi deseo de ayudar había también muchos motivos impuros. Estar en el ministerio me aportaba una sensación de valía e importancia, me daba posición y una cierta cantidad de influencia, pero Dios quería que hiciera todo lo que hacía con un motivo puro, y aún tenía mucho que aprender. Había veces en que hacía actos de bondad para ayudar a la gente, pero ayudar a otros no era mi motivador número uno. Necesitaba ser mucho más agresiva y decidida en cuanto a amar a otros; tenía que ser lo principal en mi vida, y no un pasatiempo.

Pregúntese usted qué le motiva más que nada, y responda honestamente. ¿Es el amor? Si no lo es, ¿está dispuesto a cambiar su enfoque hacia lo que es importante para Dios?

Oro con todo mi corazón para que Dios haga que estas palabras salten de esta página a su corazón. Aprender la verdad sobre el poder del amor cambió tanto mi vida que quiero que todos los demás también lo conozcan. No estoy sugiriendo que usted no lo sepa, porque la verdad es que quizá usted sabe más sobre amar a los demás que yo, pero tan sólo en el caso de que no, yo oro para que lo que comparto con usted encienda un fuego en usted, ¡y que eso le anime a ser parte de una Revolución de Amor que creo que tiene el poder de cambiar el mundo!

Mantenga estimulados a los demás y a usted mismo

Tan sólo imagine lo diferente que sería el mundo si cada uno de los que decimos que conocemos a Cristo hiciéramos una cosa buena por alguien cada día. Los resultados serían sorprendentes. Ahora imagine lo que ocurriría si todos nos pusiéramos la meta de hacer dos cosas buenas y beneficiosas por alguien cada día. Estoy segura de que entiende lo que quiero decirle. Los resultados serían increíbles. El mundo cambiaría rápidamente porque realmente podríamos vencer al mal con el bien si todos hiciéramos el compromiso de vivir como Jesús nos dijo que viviéramos.

Quizá se vea tentado a preguntar: "Eso nunca ocurrirá; entonces ¿por qué intentarlo?". No se deje vencer por los pensamientos negativos incluso antes de comenzar. Yo ya he decidido que voy a hacer mi parte y orar para que los demás hagan la suya. También hablaré a otras personas y les animaré a hacer todo lo que puedan por los demás. Sería increíble si gran parte de nuestra conversación estuviera centrada en formas en que poder ayudar a otros y en ideas creativas sobre cosas que hacer por ellos.

Tengo tres amigas que llevan este increíble estilo de vida, y cuando vamos a comer o a tomar café juntas, a menudo usamos nuestro tiempo para hablar de cosas que Dios ha puesto en nuestro corazón para hacer por otros o ideas creativas para formas nuevas de ser una bendición. Creo que conversaciones como esas es algo que a Dios le agrada, y ciertamente es mejor que sentarse y empezar a quejarse de todo lo que está mal en el mundo. Me gustaría desafiarle a tomar un papel de liderazgo en la Revolución de Amor. Escriba en una hoja la gente a quien conoce e invíteles a una sesión de planificación sobre formas prácticas de suplir necesidades. Comparta los principios de este libro con ellos y encuentre un objetivo. Encuentren a alguien que necesite ayuda y hagan un esfuerzo de grupo para ayudarle.

La idea de animar a otros a ser agresivos para hacer buenas obras no es nueva. El escritor de Hebreos habló sobre ello: "Preocupémonos los unos por los otros, a fin de estimularnos [e incitarnos] al amor y a las buenas obras" (Hebreos 10:24).

Por favor, note que este versículo dice que deberíamos considerarnos unos a otros *continuamente*, y estudiar y pensar sobre cómo podemos estimular a otros a las buenas obras y al amor. Él animaba a aquellos a los que escribió a hacer lo mismo que yo estoy animándole a hacer hoy. ¿Se imagina cómo despreciaría el enemigo que nos juntáramos para buscar formas creativas de hacer el bien a los demás? Seguro que él preferiría que juzgásemos, criticásemos, buscásemos las faltas, hiciéramos chismes y nos quejásemos. Creo que hacer lo correcto requerirá formar nuevos hábitos y desarrollar actos agresivos de amor, pero los resultados serán maravillosos.

Sea rico en buenas obras

Pablo instruyó a Timoteo, un joven predicador, que instara a la gente a "que hagan el bien, que sean ricos en buenas obras, y generosos, dispuestos a compartir lo que tienen [con otros]" (1 Timoteo 6:18). Es obvio por esto que Pablo sentía que la gente necesitaba que les recordasen hacer estas cosas. La instrucción de ser agresivos en buenas obras vale la pena recordársela hoy a la gente. Yo le animo no sólo a que se lo recuerde a otros, sino también a buscar maneras de recordárselo a usted mismo. Consiga una buena cantidad de libros y mensajes sobre el tema del amor y léalos o escúchelos a menudo. Haga lo que necesite para asegurarse de que no se olvida de aquello que es lo más importante para Dios.

Creo que el mundo está observando a los cristianos, y lo que nos vean hacer es muy importante. Pedro animó a los creyentes a comportarse de manera adecuada y honrosa entre los gentiles, que eran los no creyentes de la época. Dijo que incluso si los no creyentes tenían la tendencia a calumniar a los creyentes, éstos finalmente glorificarían a Dios si veían sus buenas obras (ver 1 Pedro 2:12).

Si sus vecinos saben que usted va a la iglesia cada domingo, le puedo asegurar que también observan su comportamiento. Cuando yo estaba creciendo, nuestros vecinos iban puntualmente a la iglesia. De hecho, iban varias veces a la semana, pero también hacían muchas cosas que no debían haber hecho. Me acuerdo que mi padre a menudo decía: "Ellos no son mejores que yo; se emborrachan, usan malas palabras, dicen chistes sucios, y tienen mal carácter, así que son un atajo de hipócritas". Mi padre estaba buscando una excusa, de cualquier modo, y el comportamiento de ellos tan sólo alimentó el fuego.

Ciertamente me doy cuenta de que, como cristianos, no nos comportamos perfectamente y que la gente que quiere una excusa para no creer en Jesús o practicar el cristianismo siempre nos mirará y criticará, pero debemos hacer nuestro mejor esfuerzo para no darles una razón por la que juzgarnos.

Busque maneras de bendecir

Siempre intento estar abierta a que Dios me muestre algo que pudiera querer que yo hiciera para testificar a otros o para ser de bendición para alguien. Hace tan sólo unos días me estaba arreglando las uñas; una joven estaba en el salón y estaba embarazada de su primer hijo. Había guardado reposo en cama durante dos meses por unos dolores de parto prematuros, y ese viaje al salón de belleza era su primera oportunidad de salir de casa en bastante tiempo. De hecho, salía de cuentas en una semana y por eso se estaba haciendo la manicura y la pedicura. Charlamos un rato, y comencé a sentir que bendecirla pagándole sus gastos de la tienda sería un bonito gesto. Esperé un poco para ver si el deseo se quedaba conmigo, y como lo hizo, pagué sus servicios cuando pagué los míos. Ella, como es normal, se quedó sorprendida, pero bendecida. No le di mucha importancia, tan sólo lo hice. Quizá algún día ella me verá en televisión o verá uno de mis libros y recordará que, de hecho, hice lo que digo y creo.

No hago cosas así para que me vean, pero lo que la gente ve les habla mucho más que las palabras a secas. Todas las del salón saben que soy ministro y maestra de la Biblia. Aunque no le dije a la joven nada sobre mí, estoy segura de que otras se lo dijeron cuando yo me fui. Así que un pequeño acto de bondad logró varios propósitos. Me hizo feliz; le hizo feliz a ella; fue un ejemplo para las que observaban; y fue un testimonio que glorificó a Dios. Yo tenía otra opción. Podía haber guardado mi dinero y no haber hecho nada. Eso hubiera sido fácil, pero ni la mitad de satisfactorio para mi alma.

No se preocupe de lo que piense la gente

Quizá esté pensando: *Joyce, yo me sentiría muy raro si me ofreciera a pagar la cuenta de alguien que no conozco.* Si le ocurre, lo entiendo completamente. A mí también me pasa. Me pregunto qué pensarán o cómo responderán, pero luego me acuerdo de que nada de eso es de mi incumbencia, y que a mí sólo me tiene que preocupar ser una embajadora de Cristo.

Un día, intenté pagarle un café a una señora que estaba en la fila detrás de mí en Starbucks, y ella se negó en rotundo. De hecho, montó una escena tal que me avergonzó, y al principio pensé: *Ya no lo volveré a hacer más.* Dave estaba conmigo, y me recordó que eso era exactamente lo que el diablo quería, así que cambié de idea. Momentos así no son fáciles, pero ese incidente tristemente me hizo saber cuánta gente hay que no sabe cómo recibir una bendición, probablemente porque nunca les ocurre.

A veces hago cosas de manera anónima, pero a veces no puedo ocultar lo que hago, así que he decidido que mientras mi corazón esté bien, eso es lo único que importa. Cada acto de bondad es mi manera de obedecer a Dios y vencer el mal en el mundo. No sé qué tipo de cosas malas le hayan ocurrido a la gente, y quizá mis actos de bondad ayudarán a sanar las heridas de su alma. También creo que la bondad hacia otros es una manera para mí de tener al diablo a raya por todo el dolor que ha causado en mi vida. Él es malvado al grado máximo, el autor de toda la maldad que experimentamos en el mundo, así que cada acto de amor, bondad y gentileza es como apuñalarle en su malvado corazón.

Si usted ha sido maltratado y a menudo hubiera deseado tener una forma de poder devolverle al diablo todo el dolor que le ha causado, entonces sea bueno con todas las personas que pueda. Es voluntad de Dios, ¡y funcionará porque el amor nunca falla!

Compré un alma con amor

La Biblia dice que Dios nos compró con un alto precio: la sangre de su Hijo Jesucristo (ver 1 Corintios 6:20; 1 Pedro 1:19; Apocalipsis 5:9). Este acto increíble de bondad invirtió el mal que el diablo había hecho y abrió una manera para que todos los pecados de los hombres pudieran ser perdonados y disfrutar de una relación personal con Dios.

Como he mencionado, mi padre abusó de mí sexualmente durante muchos años, y sus malos hechos dañaron mi alma y me dejaron herida e incapaz de funcionar con normalidad hasta que Jesús me sanó. Recuperarme de lo que me hizo y ser capaz de perdonarle totalmente fue un proceso. Al principio, tomé la decisión de no odiarle más porque Dios me hizo consciente de que el amor por Él y el odio por mi padre natural no podían coexistir en un mismo corazón. Le pedí a Dios que me ayudara, y Él se llevó el odio de mi corazón. Sin embargo, todavía quería tener muy poco que ver con mi padre y procuraba estar lo más lejos posible de él.

La salud mental de mi madre estuvo decayendo durante años, y el año en que me casé con Dave ella tuvo una crisis nerviosa como resultado de saber lo que mi padre me había hecho y no saber cómo tratar con ello. Ella le había agarrado abusando de mí cuando yo tenía catorce años, pero, como dije, no supo qué hacer, así que no hizo nada. No hacer nada resultó ser una decisión muy mala para todos nosotros. Durante dos años, ella recibió tratamientos de shock que borraron de su memoria el abuso sexual, y yo no quise hacer nada que le hiciera recordarlo de nuevo, así que aunque fue difícil para mí estar alrededor de mi padre, mi familia nos visitaba en vacaciones y otras veces sólo cuando era estrictamente necesario.

Finalmente, mis padres se cambiaron a otra ciudad y volvieron a la pequeña ciudad donde se criaron. Estaba a unas doscientas millas de donde yo vivía y yo estaba muy contenta, porque su marcha significaba que les vería aun menos. Me las arreglé para perdonar a mi padre en algún momento durante esos años, pero no le había perdonado *totalmente*.

A medida que mis padres se fueron haciendo mayores y su salud y dinero decayeron, Dios comenzó a tratar conmigo en cuanto a llevármelos a St. Louis, Missouri, donde vivimos, y cuidar de ellos hasta su muerte. Eso significaba comprarles una casa, muebles, un auto, y buscar a alguien para limpiar su casa, hacerles la compra, cortar el césped y reparar la casa. Al principio, pensé que esa idea era del diablo, que estaba intentando atormentarme, pero finalmente me di cuenta de que era el plan de Dios, y puedo decir honestamente que fue una de las cosas más difíciles que he hecho en toda mi vida.

En primer lugar, Dave y yo teníamos poco dinero ahorrado, y asentar a mis padres en una casa se llevaría prácticamente todo. En segundo lugar, yo no pensaba que merecieran mi ayuda, ya que ellos nunca habían hecho nada por mí salvo abusar y abandonarme. Cuando Dave y yo hablamos y oramos por ello, me di cuenta cada vez más que lo que Dios me pedía que hiciera no sólo era lo más difícil que me había pedido nunca, sino que también era una de las cosas más poderosas que yo nunca había hecho.

Leí cada versículo que encontré sobre amar a tus enemigos, ser bueno con ellos y hacerles favores. Este es uno que realmente me impactó:

Amen a sus enemigos, háganles bien [haciendo favores para que alguien obtenga beneficio de ellos] y denles prestado sin esperar nada a cambio. Así tendrán una gran [rica, fuerte, intensa y abundante] recompensa y serán hijos del Altísimo, porque él es bondadoso con los ingratos y malvados.

(Lucas 6:35)

Este versículo dice que no deberíamos considerar nada como perdido y no desesperarnos por nada. Cuando aún no entendía este principio, veía mi infancia como años perdidos, y ahora

Dios me estaba pidiendo que los viera como experiencia que yo podría usar para ayudar a otros. Lucas también dijo que deberíamos orar por bendiciones y orar por los que abusan de nosotros (ver Lucas 6:28). Esto no parece nada justo, pero he aprendido desde entonces que, cuando perdono, me estoy haciendo un favor a mí misma. Cuando perdono, me libero de todos los resultados del mal que me han hecho, y entonces Dios puede tratar toda la situación. Si mi enemigo no es salvo, puede que entonces esté comprando un alma.

Mi padre se quedó bastante impactado por la oferta que Dave y yo le hicimos, y aunque nunca lo dijo, sé que se preguntaba por qué hacíamos tanto por él después de todo lo que él me había hecho.

Pasaron tres años y no vi ningún cambio en él. Seguía siendo malo, enojándose fácilmente y muy egoísta. De hecho, había veces en que parecía que su temperamento cada vez era peor. Ahora me doy cuenta de que Dios estaba tratando con él todo el tiempo. Tres años después de hacer lo que Dios nos había pedido hacer, mi padre se arrepintió con lágrimas y aceptó a Jesús como su Salvador. Fue una experiencia maravillosa. Fue él quien inició todo, pidiéndonos que fuéramos a su casa, y pidiéndonos perdón. Nos pidió tanto a Dave como a mí que le perdonásemos, e hizo mención de lo buenos que habíamos sido con él. Le preguntamos si quería invitar a Jesús a su vida y no sólo lo hizo, sino que también nos pidió si Dave y yo podíamos bautizarle. Tuve el privilegio de ver a mi padre, que había abusado de mí, recibir al Señor. Entonces me di cuenta de que yo pensé que estaba comprando una casa, algunos muebles y un auto, pero en realidad había comprado un alma con un acto de amor inmerecido.

Durante ese tiempo, Dave y yo vimos crecer nuestro ministerio de una manera asombrosa, lo cual nos permitió ayudar a mucha más gente. Creo que ese crecimiento fue parte de la cosecha por la semilla de obediencia que habíamos plantado. Cuando Dios nos pide hacer cosas difíciles, Él siempre lo hace para nuestro beneficio y para el beneficio de su reino. Como ve, realmente podemos vencer el mal con el bien. Así que, como dijo John Wesley: "Haz todo el bien que puedas, de todas las formas que puedas, con todos los medios que puedas, en todos los sitios que puedas, todas las veces que puedas, a todas las personas que puedas, mientras puedas".

Viudas de guerra

Jennifer oye llorar a los niños y va corriendo a rescatarlos. Como ha hecho ya tantas veces, les dice que todo va a estar bien. Como madre que es, seguirá diciéndoselo hasta que se lo crean.

Ella sabe lo que es tener miedo, ser raptada y abusada. Cuando tenía doce años, se la llevaron de su casa a la fuerza, separada de su familia y su aldea por los soldados rebeldes inmersos en la guerra más larga de África. Tras continuas palizas, violaciones y durísimo trabajo, la voluntad de vivir de Jennifer le dio el valor para escapar, y con ella, dirigió a otros a un lugar seguro.

Pero cuando regresó a su casa, su familia se había ido. Sola y desesperada por tener una nueva vida y un hogar propio, se casó con un hombre que ya tenía una mujer. El día de su boda, él la golpeó físicamente y la cortó delante de sus amigos, aunque lo más cruel estaba por llegar. En un día especial que debería haberle hecho sentir como una princesa, valorada y amada, él les dijo a todos los allí reunidos que ella era una inútil y una desgraciada. Las palabras penetraron hondo, creando un dolor mucho más grande que el maltrato físico que le seguía propinando.

Finalmente, su marido murió de SIDA, y de nuevo, se quedó sola. Como viuda con dos niños que cuidar, le preguntó a Dios: *"¿Estás ahí? ¿Es que mi vida no va a ser sino tormento, sufrimiento y vergüenza?"*. Dios le demostró su fidelidad a Jennifer y ella está en proceso de una total restauración.

Hoy día, Jennifer vive a salvo en una nueva aldea provista por Ministerios Watoto, en asociación con Ministerios Joyce Meyer. Con la dignidad restaurada y un propósito para su vida, ahora está cuidando de niños huérfanos de guerra. Desgraciadamente, muchos otros necesitan desesperadamente sanidad y restauración.

La Palabra de Dios nos dice repetidamente que cuidemos de las viudas y los huérfanos. Parece que Dios tiene un lugar especial en su corazón para ellos, y nosotros también deberíamos tenerlo.

Las estadísticas dicen:

- En muchos países, las viudas cuyos maridos murieron de SIDA son desahuciadas de sus hogares y sometidas a formas extremas de violencia.[1]
- Los hogares liderados por viudas a menudo representan uno de los subgrupos más pobres de África.[2]

CAPÍTULO
7

Justicia para los oprimidos

La justicia no consiste en ser neutral entre el bien y el mal,
sino en descubrir lo bueno y mantenerlo, dondequiera
que se encuentre, contra el mal.

Theodore Roosevelt

Dios es un Dios de justicia. De hecho, la justicia es una de sus
cualidades que más me gusta. Dicho de forma simple, significa
que convierte las cosas malas en buenas. La Biblia dice que la
justicia y el derecho son el fundamento de su trono (ver Salmo
89:14). Un fundamento es lo que sujeta un edificio, así que
podemos decir que toda la actividad de Dios en la tierra des-
cansa sobre el hecho de que Él es justo y recto. Como siervos
de Dios, se nos manda amar la justicia y el juicio y trabajar para
establecerlos en la tierra.

La ausencia de justicia en una sociedad siempre provoca problemas. Desde 1789 hasta 1799 Francia experimentó una revolución. Fue una guerra sangrienta en la que los campesinos se
levantaron en armas contra los líderes aristócratas y religiosos

del momento. Mientras el rey y la reina de Francia trataban a la gente con justicia, su reino florecía, pero cuando el rey y la reina permitieron egoístamente que hubiera malnutrición, hambre y enfermedad a la vez que ellos recaudaban impuestos a la gente y seguían teniendo un estilo de vida opulento, el pueblo finalmente se rebeló contra ellos. Al tratar a los ciudadanos injustamente, el cimiento de su trono se resquebrajó y finalmente fue destruido.

La verdad es simplemente que, sin justicia, las cosas no funcionan debidamente. Nuestra sociedad hoy día está llena de injusticia, y aunque algunas personas trabajan duro para luchar contra ella, la mayoría de la gente o bien no se interesa por ello o, si lo hacen, simplemente no saben qué hacer al respecto.

Es tarea nuestra

¿Quién se preocupa de los huérfanos, las viudas, los pobres y los oprimidos? Dios lo hace, ¿y nosotros? Cuando la gente está oprimida, tienen una carga tremenda, que les agobia, domina y deprime. Sus cargas a menudo les hacen carecer de esperanza. Dios es un Padre para los que no tienen padre y un defensor de las viudas (ver Salmo 68:5). Parece que hay un lugar especial en

> ¿Quién se preocupa de los huérfanos, las viudas, los pobres y los oprimidos?

su corazón para la gente que está sola y que no tiene a nadie que cuide de ellos. Dios ayuda a los afligidos, y asegura la justicia para los pobres y los necesitados (ver Salmo 140:12). Estoy segura de que usted está contento de que Dios ayude a estas personas heridas, pero le insto a recordar que Dios hace su obra a través de personas que están sometidas a Él. Ahora pregúntese qué es lo que usted personalmente está haciendo por ellos.

Como mencioné antes, más de dos mil versículos de la Biblia hablan de nuestra obligación hacia los pobres y necesitados. Como Dios inspiró tantos, debe de haber un mensaje que esté intentando asegurarse que entendemos. ¿Qué importante es para cada uno de nosotros involucrarnos en alguna manera para ayudar a la gente afligida? Probablemente es más importante de lo que nos creemos.

La verdadera religión

El apóstol Santiago dijo que la verdadera religión expresada en actos externos es "atender a los huérfanos y a las viudas en sus aflicciones" (Santiago 1:27). Eso significa que, si nuestra religión es auténtica, tendremos que involucrarnos en ayudar a los que están oprimidos por las circunstancias de sus vidas. Sólo puedo concluir de este versículo que si no estoy ayudando a esas personas, entonces mi religión no debe de ser verdadera. Puede que sea una forma de religión, pero en verdad no es del todo lo que Dios pretende que sea.

He aprendido que no todos los que se sientan en una iglesia los domingos son verdaderos cristianos desde el punto de vista de Dios. Seguir reglas, regulaciones y doctrinas no nos hace ser un verdadero creyente en Jesucristo. ¿Cómo puedo decir eso? Porque cuando recibimos a Cristo como nuestro Salvador recibimos el corazón de Dios y recibimos su Espíritu (ver Ezequiel 11:19);

si este es el caso, tenemos que aprender sobre lo que a Dios le importa, y a Él le importa ayudar a la gente herida.

¿Qué bien les haría a mis hijos, que manejan la mayoría de los asuntos diarios de Ministerios Joyce Meyer, decir que tienen mi corazón si no fueran a hacer lo que yo haría en cada situación? La verdadera razón por la que nuestros hijos están en las posiciones en que están es que nos conocen íntimamente y tienen el mismo corazón que nosotros con respecto a ayudar a la gente.

Amaos unos a otros

Creo firmemente que tenemos que amarnos unos a otros, refiriéndome a aquellos con los que estamos en contacto en nuestra vida personal, y también a los que quizá nunca conoceremos de forma personal, que viven en lugares remotos (ver Hechos 2:44-45; 4:31-32; 2 Corintios 8:1-4). Me gustaría que tuviera a estos dos grupos de personas en su mente mientras seguimos con este libro. Por ejemplo, podría dar económicamente para apoyar a un huérfano en un país en desarrollo a través de un ministerio que se preocupe por ellos, y también podría invitar a una viuda de su iglesia a comer y mientras está con ella hacerle preguntas para asegurarse de que sus necesidades están siendo cubiertas adecuadamente. Si menciona que tiene una necesidad que usted pueda suplir, entonces hágalo con agrado, porque Dios ama al dador alegre (2 Corintios 9:7).

La mayoría de nosotros ayudaríamos a nuestras familias o a personas que conocemos íntimamente si estuvieran en necesidad, pero cuanto más lejos está la gente de nuestro círculo personal, menos probable es que nos preocupemos de ellos o estemos dispuestos a involucrarnos en ayudarles. Creo que Dios quiere cambiar eso. Me doy cuenta de que, como individuo, no puedo suplir del todo cada necesidad que llega a mis oídos, pero seguro que puedo estar abierta a dejar que Dios me muestre si hay algo que pueda hacer. Estoy decidida a no seguir simplemente suponiendo que no puedo hacer nada por las necesidades que llegan a mis oídos. He llegado a entender que esa es una manera pasiva de ver las necesidades, y no la manera en que Dios quiere que las vea.

El mundo necesita que la iglesia sea la iglesia

Jesús le preguntó tres veces a Pedro si le amaba, y las tres veces, cuando Pedro dijo "Sí", Jesús respondió con: "Apacienta mis ovejas" o "Apacienta mis corderos" (ver Juan 21:15-17). Jesús no estaba hablando de alimentar animales, sino de ayudar a su pueblo. En varias ocasiones se refirió a sí mismo como un pastor y a su pueblo como su rebaño, así que Pedro sabía exactamente de lo que Él estaba hablando.

A mí me parece que Jesús está diciendo en estos versículos que, si le amamos, deberíamos ayudar a otras personas, no simplemente reunirnos en un edificio los domingos por la mañana para seguir reglas y rituales. Claro, deberíamos querer ir a la iglesia para tener comunión, adorar a Dios y aprender, pero la iglesia también debería ser un lugar *desde* donde ayudar a otros. Si una iglesia no está involucrada en alcanzar a los perdidos alrededor del mundo y ayudar a los oprimidos incluyendo viudas, huérfanos, pobres y necesitados, entonces no estoy nada segura de que tengan el derecho de llamarse iglesia.

Decenas de miles de personas han dejado de ir a la iglesia, y los líderes espirituales de todo el mundo están preocupados por el descenso en la asistencia en las iglesias. Creo que la razón de este descenso es principalmente que muchas iglesias se han convertido en centros religiosos carentes de vida. El apóstol Juan dijo que sabemos que hemos pasado de muerte a vida por el hecho de que amamos a los hermanos, y que el que no ama continúa estando muerto espiritualmente (ver 1 Juan 3:14). Si una iglesia no está rebosando el amor genuino de Dios, ¿cómo puede estar llena de vida?

He oído que, en Europa, una catedral o iglesia cierra casi cada semana, y que muchas de ellas las están comprando los grupos musulmanes y convirtiéndolas en mezquitas. Seguro que ese no es el destino que Dios tenía preparado para la iglesia de Jesucristo. Muchas grandes iglesias están haciendo exactamente lo que deberían estar haciendo, y están creciendo y pletóricas de vida como consecuencia de ello. Pero es seguro decir que son la excepción y no la mayoría de las iglesias.

La Iglesia primitiva, de la cual leemos en el libro de Hechos, era una iglesia muy poderosa. Sacudió al mundo conocido de su tiempo, y su influencia se sigue sintiendo hoy por todo el mundo. Estaba unida, y todas las personas que eran parte de ella estaban ocupadas ayudando a la gente que sabían que tenía necesidades. Ayudaban a los que conocían personalmente, y a aquellos que oían de otros pueblos y ciudades a través de los apóstoles que iban a visitarles y a enseñarles.

La Iglesia primitiva creció rápidamente y tenía una maravillosa reputación porque estaba llena de personas que se amaban unos a otros genuinamente. Lo que el mundo necesita es amor, ¡no religión! Necesita a Dios, y Dios es amor. Si nos ponemos

de acuerdo y todos nos involucramos, podemos comenzar una
Revolución de Amor, ¡un movimiento que sacudirá el mundo
una vez más para la gloria de Dios!

Aprenda a hacer el bien

No está bien ver u oír de alguien que tiene necesidad y no hacer
absolutamente nada. El profeta Isaías dijo: "¡Aprendan a hacer
el bien! ¡Busquen la justicia y reprendan al opresor! ¡Aboguen
por el huérfano y defiendan a la viuda!" (Isaías 1:17).

El propósito de la enseñanza y la instrucción es ayudarnos a
aprender lo que está bien y animarnos a hacerlo. Hace tan sólo
unos años, no tenía ni idea de lo mucho que a Dios le importaba
que yo trabajase para llevar la justicia a los oprimidos, pero una
vez que lo aprendí, comencé a hacerlo.

Dios ha estado instruyendo a la gente sobre cómo tratar a los
huérfanos, a las viudas, los oprimidos y los pobres desde que
dio la ley, en los tiempos del Antiguo Testamento. Hablando a
través de Moisés, dijo: "No explotes a las viudas ni a los huérfanos" (Éxodo 22:22). Dios no es parcial: "Él defiende la causa
del huérfano y de la viuda, y muestra su amor por el extranjero,
proveyéndole ropa y alimentos" (Deuteronomio 10:18). Dios
le dijo a la gente que si alimentaban al extranjero, al residente
temporal, a las viudas y a los huérfanos, Él bendeciría el trabajo de sus manos (ver Deuteronomio 14:29). Por favor, note
que todos estos grupos —viudas, extranjeros, huérfanos— probablemente eran personas muy solitarias. ¡Dios se preocupa de
los que están solos!

Sola y olvidada

No me puedo imaginar lo sola y olvidada que se sentirá una niña huérfana que se ve obligada a prostituirse para sobrevivir. Las estadísticas dicen:

- Dos millones de niñas entre cinco y quince años son introducidas al mercado del comercio sexual cada año.
- 89 por ciento de las prostitutas quieren escapar.
- Al menos doscientos mil mujeres y niños trabajan en la prostitución en Tailandia y un tercio de ellos tiene menos de dieciocho años. Niñas de seis años trabajan como prostitutas.
- Una vez, un doctor encontró a treinta y cinco hombres usando a una niña en una hora.

¿Son huérfanas todas esas niñas? No, no todas son huérfanas oficiales en términos de no tener padres; pero son huérfanas a ojos de Dios, porque o bien no tienen padres o los padres que tienen no pueden o no quieren cuidar de ellas.

Prostitución juvenil

Vender tu cuerpo para dar placer a hombres malos o morir de hambre. Es una decisión terrible que nadie tendría que tomar jamás. Aunque sólo tiene diecinueve años, Birtukan tuvo que tomar esa decisión a los catorce años, y con cada decisión, su corazón se parte un poco más y su alma se destruye. Con todo lo que ha pasado, es un milagro que aún pueda sentir algo.

Ella encuentra la fuerza cuando mira a los ojos de su hija de siete meses, Aamina. *"Tomo esta decisión porque no quiero que mi hija haga lo mismo".* Su nombre etíope, Aamina, significa *"segura"*, y Birtukan ha decidido que hará lo que sea necesario para cumplir su promesa de mantener a su hija segura.

No vende su cuerpo por avaricia o placer propio, sino que lo vende para sobrevivir. Vive y realiza su trabajo en una habitación de metro y medio por tres metros. Lleva trabajando cinco años, sin días libres… ni vacaciones… ni descanso. Cierra sus ojos y piensa en Aamina, mientras unos quince hombres al día abusan de su cuerpo para satisfacer sus malos deseos. El dolor es inimaginable, pero es la única manera que conoce para proporcionar alimento y un lugar para dormir. Cuando piensa en lo mucho que ama a Aamina, no puede comprender cómo su propia madre pudo abandonarla cuando tenía tan sólo cinco años de edad.

Antes de llegar a lo que se conoce como el distrito rojo en Addis Ababa, se estaba muriendo de hambre. *"Tenía esperanza, pero esa esperanza ahora parece estar lejos de mí. Sé que Dios está conmigo y me ama. No sé de qué otra manera de vivir".* Una luz trémula de esperanza aguarda para el día en que sobrevivir no le cueste un trozo de su corazón, su alma y su cuerpo dañado.

Hoy día, esas esperanzas tendrán que esperar. Su próximo cliente acaba de llegar.

Las estadísticas[1] dicen:

- La edad media de entrada a la prostitución en todo el mundo está entre trece y catorce años.

- 75 por ciento de las prostitutas tienen menos de veinticinco años.

Viendo un nuevo nivel de degradación
y haciendo algo al respecto

Cuando fui a la India, al distrito rojo (el área de prostitución) en uno de los barrios bajos, me presentaron un nuevo nivel de degradación. Toda la zona no sólo estaba indescriptiblemente sucia, sino que también estaba llena de burdeles. Me llevaron a uno que tenía tres habitaciones pequeñas con tres camas en cada habitación. Ninguna de esas zonas de las camas tenía ningún tipo de privacidad. Las chicas o mujeres servían a los hombres en esas pequeñas habitaciones principalmente de noche, esperando hacer dinero suficiente para poder comer y alimentar a sus hijos, si tenían alguno, y muchas de ellas tenían. ¿Dónde estaban sus hijos mientras ellas trabajaban? O bien jugando en el pasillo, donde tenían un acceso fácil a las habitaciones donde estaban sus mamás, o les daban alcohol para que se durmieran y no molestaran a sus mamás. Algunas de ellas habían escuchado de nuestro programa de escuela y alimentación, y pudimos cuidar de ellos durante esas horas para que no tuvieran que presenciar lo que estaba ocurriendo en casa. ¡Casa! ¡Esos niños viven en burdeles!

Sin ayuda, la mayoría de las hijas —*niñas pequeñas*— simplemente pasarán a la vida de prostitución cuando sean lo suficientemente mayores. Estas mujeres no viven así porque quieren, sino porque no tienen otra elección. Carecen de educación y han crecido en medio de una pobreza que la mayoría de nosotros ni siquiera podríamos empezar a entender. Algunas de ellas incluso son propiedad de unos proxenetas que, por un sinfín de propósitos, las mantienen prisioneras y las golpean si no ganan suficiente dinero.

Me alegra decir que hemos iniciado un programa para ayudar a rescatarlas. Primero, hemos estado trabajando en esa área al menos durante tres años junto a otros ministerios locales, y el número de prostitutas ha descendido de tres mil a trescientas. Algunas personas sólo necesitan un poco de esperanza o de ayuda, y necesitan que alguien les diga que pueden cambiar y mostrarles cómo hacerlo.

Nuestro ministerio ha comprado varios centenares de acres de propiedad a unas tres horas del distrito rojo, y hemos construido una aldea completa con un centro de entrenamiento para enseñar a estas mujeres un oficio que les capacite para sostenerse a ellas y a sus familias económicamente sin tener que acudir a la prostitución. Mudamos a los primeros cien mujeres y niños al Centro de Restauración en febrero de 2008 y pretendemos mudar a todas aquellas que quieran hacer un cambio.

Fue muy reconfortante para mí escuchar a las niñas, y especialmente a las adolescentes, con la risa tonta cuando les mostré la ducha y los aseos que tendrían. Ellas nunca se habían dado un baño en ningún sitio salvo vertiéndose un cubo de agua por encima a espaldas detrás de algún edificio. Poder ser parte de algo que pone sonrisas en sus rostros y darles esperanza es un sentimiento increíble. Definitivamente se siente mejor que la manera egoísta y egocéntrica en que una vez viví. Los colaboradores de nuestro ministerio son en gran medida responsables de esta campaña en India, porque es su fiel contribución la que sufraga los costes, y les apreciamos profundamente.

Debo añadir que algunas de las mujeres más mayores atrapadas en la prostitución son viudas. Sus maridos murieron o fueron asesinados en algunos casos, y ellas se quedaron sin forma alguna de sostenerse, así que nuevamente recurrieron a lo único que se les ocurrió que les daría dinero.

Podemos aprender a hacer lo correcto para ayudar a los oprimidos del mundo. Lo único que necesitamos es información y determinación, y podemos marcar una diferencia positiva en las vidas de muchas personas. Si cada uno de nosotros hacemos nuestra parte, podemos comenzar una revolución de amor.

La injusticia está por todas partes

La injusticia abunda no sólo en los países en desarrollo sino también en nuestras ciudades y vecindarios por todo el mundo. Hay personas que trabajan con los que tienen unas necesidades acuciantes. Les pasamos de largo por las calles y les encontramos en los supermercados. La injusticia tiene muchos rostros. Se puede ver en el rostro de una mujer a quien su marido ha dejado con tres niños pequeños para irse con otra mujer. Se puede ver en el rostro de una niña o un niño que sufrió abuso sexual o físico mientras crecía a manos de sus padres u otros adultos. Se puede ver en el rostro de un padre educado en un gueto, que es un miembro de la tercera generación de una familia que depende de asistencia social. Le gustaría vivir mejor, pero honestamente ni siquiera se imagina qué podría hacer, pues tiene una educación muy mala y no ha visto a nadie vivir nunca de otra manera diferente a la suya salvo quizá en la televisión.

Algunas personas logran vencer y superar la tragedia de la

injusticia, pero muchos no. Quizá necesitan que usted, o yo, o alguien más que conocemos invierta en ellos. Nuestro ministerio en los barrios urbanos trabaja en las escuelas públicas para ayudar a los niños a aprender a leer y escribir. Hemos pedido voluntarios que ayuden como tutores de niños, y es desalentador pensar en la poca gente que está dispuesta a dar ni tan siquiera una hora a la semana para algo como esto. Por supuesto, pensamos que "Alguien" debería ayudar a esos niños, pero de algún modo ¡nosotros no somos los que apareceremos para ayudar! Tenemos nuestras excusas, y acallan nuestras conciencias, ¿pero son aceptables ante Dios? Durante años, yo puse excusas sobre todo lo que no quería hacer, pero he descubierto un principio que se ha convertido en uno de mis dichos favoritos: "La indiferencia pone excusas; el amor encuentra una manera".

> La indiferencia pone excusas; el amor encuentra una manera.

El estándar para la justicia

En la Biblia, comenzando en el Antiguo Testamento, vemos un ejemplo tras otro de gente que estaba muy involucrada ayudando a los pobres y necesitados. Job era una de esas personas. Dijo que siendo ojos para el ciego, pies para el cojo y padre para los pobres y necesitados, se vestía de justicia (ver Job 29:14-16). La palabra "vestirse" tiene un significado especial que no debemos dejar pasar. Piénselo de esta forma: cuando me pongo la ropa, lo hago a propósito, no me quedo quieta delante de mi armario y espero a que la ropa salte de la percha y se ponga sola en mi cuerpo, sino que cuidadosamente selecciono cada pieza y no sólo me la pongo, sino que me aseguro de que me quede bien.

Dios dijo que Job era un hombre justo, y Job dijo que él se "vestía" de justicia. En otras palabras, lo hacía a propósito. El estándar para la justicia en los días de Job demandaba ayudar a las viudas, los huérfanos, los pobres y los necesitados, y a todos los oprimidos.

En nuestra sociedad de hoy no tenemos ya muchos estándares. Parece que la mayoría de la gente sólo hace lo que le apetece hacer, y reina el egoísmo. Necesitamos estándares que produzcan hombres y mujeres de integridad, verdad, honestidad, honor, fidelidad, lealtad y cuidado genuino por los desvalidos. Si más gente tuviera estas cualidades, nuestro mundo sería un lugar completamente diferente. Quizá su respuesta sea: "Sí, me gustaría que hubiera eso hoy día", pero no se olvide que el deseo por sí solo no produce nada; debemos pasar a la acción. Nuestro mundo cambiará solamente si la gente que vive en él cambia; y ese cambio tiene que empezar con cada uno de nosotros. Todos debemos llevar la antorcha y decir: "¡Yo soy la Revolución de Amor!".

Ester, la joven doncella judía de la que leyó en el capítulo cuatro, que finalmente se convirtió en reina, ordenó que se enviaran regalos a los pobres cuando ella y sus compatriotas celebraban su libertad. Parte de nuestra celebración de las buenas cosas que Dios ha hecho por nosotros debería ser recordar alcanzar a los que aún tienen necesidad. Una amiga mía está en un comité de su iglesia que trabaja con albergues de transeúntes en Navidad.

La iglesia recibe una lista de todos los niños que viven en un albergue en concreto, con las edades de los niños y sus tallas de ropa. Los miembros de la iglesia que pueden hacerlo escogen el nombre de un niño y compran un regalo de Navidad para ese niño. En diciembre, se celebra una fiesta de Navidad en el albergue donde hay mucha comida, música de Navidad, historias del nacimiento de Jesús y su amor por cada niño y, por supuesto, se entregan los regalos a cada niño.

Después de la fiesta, los miembros de la iglesia se sienten bien ayudando a los niños sin hogar, pero muchos también han dicho que cuando vuelven a casa después de la fiesta, están más agradecidos por sus propios hogares y bendiciones de lo que estaban antes de la fiesta.

Es muy bueno para nosotros ver y experimentar las necesidades de otros de primera mano, porque nos refresca la conciencia de lo bendecidos que estamos. Espero que también nos haga darnos cuenta de lo mucho que podríamos estar haciendo si ponemos nuestro mejor empeño. La gente tiende a ser más generosa en Navidad, y muchas personas intentan ayudar a otros, pero tenemos que ser conscientes de que los pobres y marginados tienen necesidad todo el tiempo, y no sólo una vez al año por Navidad.

Mientras escribo hoy, Dave y yo estamos en un hotel que tiene un aseo y una ducha extremadamente pequeños, tan pequeños que la cabeza de Dave toca el techo. Al principio murmuró un poco por la incomodidad, pero luego se acordó de personas que hemos conocido que no tienen agua, y tienen que caminar horas para llevar a casa agua sucia suficiente para ayudar a que sus familias sobrevivan. Esas personas raramente se bañan y, si lo hacen, no es en un aseo con ducha. Los dos hemos descubierto que ayudar a la gente necesitada es una bendición para nosotros, porque nos ayuda a no murmurar y quejarnos, sino a dar gracias en todas las cosas como Dios quiere que hagamos.

Booz, un hombre rico y líder de su comunidad, dejó lo que la Biblia llama manojos a propósito (Rut 2:16) en sus campos para que Rut los encontrara y los recogiera para usarlos para alimentarse ella y su suegra. Tanto Rut como Noemí eran viudas y pobres. La ley en esos tiempos ordenaba que no se recolectase todo el grano de los campos. La gente tenía que dejar algo para que los pobres llegaran y recorrieran los campos para encontrar algo que comer. Pero la provisión de Él no caía del cielo o aparecía milagrosamente; Él proveía a través de personas.

Amor en acción

En Ministerios Joyce Meyer tenemos una cuenta llamada "Amor en acción". El ministerio y los empleados pueden dar dinero a esta cuenta específicamente para ser usado para las necesidades de otros compañeros que puedan estar experimentando un tiempo difícil económicamente por una u otra razón. Quizá una enfermedad les haya dejado con una carga, o una necesidad especial con un niño puede que les haya creado angustia. Decidimos que queríamos estar preparados para ayudar a los que están entre nosotros que tengan necesidades reales y no puedan ayudarse ellos solos.

Si tiene un grupo de estudio bíblico o incluso un grupo de amigos interesados en ser parte de la Revolución de Amor, algo que puede hacer es nombrar un tesorero o abrir una cuenta bancaria especial y dejar que cualquiera pueda donar para ese fondo especial cada semana o cada mes. Puede llamarlo "Amor en acción" si quiere o escoja su propio nombre, pero úselo para suplir las necesidades que surjan. A menudo oímos de necesidades y quisiéramos tener más dinero. ¿Por qué no empezar a ahorrar para esas ocasiones para estar así preparado? Si no puede encontrar un grupo interesado, busque una o dos personas más, y si no hay más remedio, hágalo usted solo, ¡pero niéguese a no hacer nada!

¿Para qué necesito mi brazo si no lo uso para ayudar a alguien?

Una de las frases más impactantes que descubrí mientras estudiaba cómo Job respondió a la pobreza fue su observación de que si él no usaba su brazo para ayudar a los desvalidos, entonces alguien debía arrancárselo de su cuerpo (ver Job 31:21-22). Esto me hizo darme cuenta de la seriedad con la que se tomaba ayudar a la gente. ¿Estoy dispuesta a ser así de seria? ¿Y usted?

¿Hay algún propósito real para estar vivos si lo único que vamos a hacer es levantarnos cada día y vivir sólo para nosotros? Lo he probado y he descubierto que me dejó vacía e insatisfecha. No creo que sea lo que Dios tenga en mente para nosotros como sus representantes aquí en la tierra.

Dejé de escribir este manuscrito durante un tiempo para releer todos los versículos que pude encontrar sobre amar a otros. Ahora estoy incluso más convencida que nunca de que este es el verdadero propósito de la vida. Le animo a dedicar todo su ser a hacer el bien. Ofrézcale a Dios sus manos, brazos, boca, pies, ojos y oídos, y pídale que los use para hacer mejor la

vida de alguien. Use sus brazos para ofrecer una mano de esperanza al hambriento, al que sufre o al solitario.

La cosecha de amor

Dar y vivir desinteresadamente produce una cosecha en nuestras vidas. No hay nada de malo en querer y esperar una cosecha.
Nuestra motivación para ayudar a otros no debería ser la de conseguir algo para nosotros, pero Dios nos dice que cosecharemos lo
que sembremos, y podemos anticipar ese beneficio. Un versículo
que expresa este principio de una forma muy bella se encuentra
en el libro de Lucas 6:38: "Den, y se les dará: se les echará en el
regazo una medida llena, apretada, sacudida y desbordante. Porque con la medida que midan a otros, se les medirá a ustedes".

Dios promete recompensar a los que le buscan diligentemente (ver Hebreos 11:6). La palabra *recompensa* en el texto original griego del Nuevo Testamento significa "salario recibido
en esta vida" o "galardón". En el lenguaje hebreo, en el que se
escribió el Antiguo Testamento, la palabra *recompensa* se usa
68 veces en la versión Ampliada de la Biblia (en inglés). Dios
quiere que anticipemos las recompensas por nuestra obediencia y nuestras buenas decisiones.

Si nos preocupamos de los pobres y los oprimidos, Dios promete que no nos faltará nada, pero si tapamos nuestros ojos ante
su necesidad seremos "maldecidos" en nuestra vida (Proverbios 28:27). El escritor de Proverbios incluso dice que cuando
damos a los pobres estamos prestándole a Dios (ver Proverbios
19:17). No me puedo imaginar que Dios no pague un gran interés por lo que le prestamos.

Le animo a trabajar para llevar la justicia al oprimido. Eso simplemente significa que cuando usted vea algo que sabe que no está bien, trabaje para poner remedio.

Viviendo en la luz

Probablemente todos queremos más luz en nuestra vida. Eso significaría más claridad, mejor entendimiento y menos confusión. El profeta Isaías declaró que si compartiéramos nuestro pan con el hambriento y llevásemos a los desamparados a nuestros hogares, cubriéramos al desnudo y dejáramos de escondernos de las necesidades que nos rodean, nuestra luz brillaría más (ver Isaías 58:7-8). También dijo que nuestra sanidad, y restauración, y el poder de una nueva vida brotaría rápidamente. A mí eso me suena bien, y estoy segura de que a usted también.

Isaías escribió sobre la justicia y dijo que iría delante nuestro y nos llevaría a la paz y la prosperidad, y que la gloria del Señor sería nuestra retaguardia. Si estamos ayudando activamente a los oprimidos, ¡Dios va delante de nosotros y también cubriéndonos las espaldas! Me gusta esa sensación de seguridad y confianza.

Isaías siguió diciendo que si volcáramos aquello con lo que sustentamos nuestras propias vidas sobre el hambriento y supliéramos las necesidades de los afligidos, nuestra luz aumentaría en la oscuridad y cualquier destello que experimentáramos sería comparable al sol del mediodía (ver Isaías 58:10). El sol es muy fuerte a mediodía, así que a mí me suena como que ayudar a la gente es la manera de vivir en la luz.

El Señor nos guiará continuamente, e incluso en tiempos de sequedad Él nos saciará. Hará fuertes nuestros huesos y nuestras vidas serán como un jardín regado (ver Isaías 58:11). Todo esto ocurre como resultado de vivir para llevar la justicia a los oprimidos.

Espero que esté viendo lo que yo estoy viendo a través de estas promesas. Creo que la mayoría de nosotros gastamos gran parte de nuestras vidas intentando conseguir lo que Dios nos dará muy gustosamente si tan sólo hacemos lo que Él nos está pidiendo que hagamos: cuidar de los pobres, los hambrientos, los destituidos, los huérfanos, las viudas, los oprimidos y los necesitados. Viva su vida para ayudar a otros, y Dios le hará estar satisfecho de todas las maneras posibles.

AMOR REVOLUCIONARIO
Martin Smith

¿En torno a qué gira nuestro amor?

Lo recuerdo todo como si fuera ayer. Era el 10 de enero de 2008. La calle lateral —llena de baches y sin aceras— era suficientemente grande para que entrara nuestro autobús. Comenzamos a sentir un calor y un caos, y el olor de miles de ruedas de autos usadas amontonadas en un fuego ya mezclado con combustible barato y la basura del último mes. Quioscos, y talleres, y chozas, y casas. Saris y sandalias, y pies descalzos, y un ruido que nublaba los sentidos.

Pero todo eso no era nada comparado con lo que vendría después...

Era Mumbai, India. Estábamos en un barrio bajo, o para ser más preciso, estábamos en un distrito rojo de uno de los muchos barrios bajos de la ciudad. No se veían luces rojas, y todos allí parecían estar ocupados de alguna manera: creando, vendiendo, barriendo, llevando.

Estábamos ahí para ver Prem Kiran, un proyecto dedicado a trabajar con los hijos de las prostitutas y sus familias al que Dave y Joyce nos habían invitado. Nos dijeron que era un proyecto que realmente teníamos que ver con nuestros propios ojos.

No sé si he visto alguna vez tanta vida en una sola habitación. Era como si las paredes fueran incapaces de contener todo. Setenta rostros sonriendo, todos dirigidos hacia los visitantes como girasoles hacia el sol de la tarde. Fuera, podía ver la calle, y las casuchas, y los callejones con tanto dolor, y problemas, y muerte al acecho. Pero estar dentro de esa habitación fue una experiencia más potente que cualquier otra que haya tenido jamás.

Había una niña en particular a quien me sentía incapaz de dejar. Se llamaba Farin y había algo en ella que me decía que me resultaría difícil alejarme de ella.

Descubrí más al cabo de una hora. Como la mayoría del resto, la madre de Farin era una prostituta. Prem Kiran había entrado y ayudado a mejorar mucho su vida, ofreciendo comida, ropa, educación y el apoyo de cristianos con amor, dedicación y sacrificio. Sin embargo, mi mente estaba llena de preguntas.

¿Cuántas veces habría tenido que esconderse Farin debajo de la cama mientras su madre trabajaba?

¿Cuántos peligros tuvo que correr en las calles de la villa cuando oscurecía?

¿Cómo podría tener la esperanza de que su vida cambiara si no salía ya de allí?

¿Cómo podía irme yo?

¿Cómo podía?

Esa tarde en Mumbai lo cambió todo.

La noche siguiente estábamos dando un concierto en la ciudad. ¿Qué más podíamos hacer sino subir a los niños y a las mamás con nosotros al escenario? Así que vinieron, y fue magnífico tenerlos ahí arriba con nosotros; todo sonrisas tímidas y saltos de adrenalina y choque cultural. Y luego ocurrió algo mayor. Tocamos, y las madres simplemente comenzaron a bailar. Las madres de la noche, las trabajadoras del sexo vestidas con pintalabios rojos y saris descoloridos, bailaban con libertad, y gracia, y amor delante de una multitud de miles. Girando como hojas que caen, manos que contaban historias y pies que pisaban con cuidado; su baile captó algo que nunca antes había visto.

Y fue entonces cuando lo entendí: ¿Dónde debería estar la justicia? ¿Dónde deberían ser bienvenidos los marginados? ¿Dónde deberían encontrar libertad y esperanza aquellos cuyas vidas han sido golpeadas por la pobreza? ¿Dónde deberíamos emplear nuestro amor sin lugar a dudas?

Yo crecí en la iglesia, pero en algún momento durante el camino me perdí algunas lecciones importantes. No aprendí que cuando se trata de nuestra respuesta a la pobreza y la injusticia —y el papel de los cristianos como adoradores—, Dios no quiere que se separen perfectamente las cosas. Hace años hubiera corrido una milla si me hubieran sugerido que deberíamos tener un grupo de mujeres prostitutas bailando en el escenario mientras nosotros adorábamos. Ahora parece una señal de los tiempos. Parece que Dios está avivando a la iglesia como nunca antes, y dejándonos saber que son ese tipo de personas las que necesitan ser bienvenidas.

Así que cuando se trata de lidiar con la idea de cuánto necesitamos una Revolución de Amor, sólo me queda una pregunta: ¿En torno a qué gira nuestro amor?

Llegué a casa del viaje a Mumbai y todo era un lío. Mi cabeza había dejado de funcionar como solía hacerlo, y estaba profundamente atribulada. Sentía una carga sobre mí al pensar en Farin; que si no hacíamos algo, su vida iría hacia un futuro marcado por el sufrimiento, la pobreza, el abuso y la enfermedad. Sentí como si se hubiera convertido en otra hija y nuestra familia estuviera incompleta sin ella.

Resultó que los planes de Dios eran diferentes de los míos.

Un año y pocos meses después, mientras escribo sobre esa experiencia, las cosas no van como yo pensaba que irían. Farin no ha dejado la ciudad, todavía está con su familia, pero su madre ya no trabaja como prostituta. Están a punto de mudarse a unas pocas horas de Mumbai, para vivir en una comunidad para gente como ellas: ex-trabajadoras del sexo que quieren encontrar una nueva vida lejos del caos y el peligro del pasado. La vida de Farin se ve más completa de lo que yo hubiera esperado.

¿Y la mía?

En cierta manera, tenía razón en cuanto a lo de volver a ser padre, pero no de Farin. En algún momento de este año, mi esposa Anna y yo tendremos otro bebé: una obra benéfica llamada CompassionArt (ArteCompasión).

CompassionArt existe para recaudar dinero a través de proyectos relacionados con el arte (como álbumes y libros) que usan las ventas y los derechos de autor para luchar contra la pobreza en todas sus formas, el lado extremo que le roba a la gente la vida y el lado que puede ser más difícil de detectar pero que le roba a la gente la esperanza. Ambos recordamos hablar sobre ello con Joyce y Dave cuando concebimos la idea, lo cual imagino que les hace ser los abuelos de CompassionArt o algo parecido. Fue su pasión y sabiduría lo que nos ayudó a dar esos primeros pasos.

Pero más que eso, CompassionArt trata de rehacer la fórmula. Trata de retar las matemáticas que sugieren que cuando dejamos de preocuparnos de otros, nuestra fe siguen en juego. No sigue. La verdad, por supuesto, es que todo se debilita.

Cuando nuestra pasión, y propósito, y amor giran en torno a nuestra propia agenda, simplemente no lo hemos entendido.

Cuando nuestro amor llega más allá de nosotros mismos, nos damos cuenta de que estamos alineados más cerca del camino de Dios.

Últimamente, siempre que estoy delante de un micrófono, un escenario, una multitud, preguntándome qué vendrá después, he sentido la necesidad de leer Isaías 58. De algún modo, no he podido resistir la simplicidad y la fuerza de las palabras, y aunque se les entregaron a los israelitas hace un poco menos de tres mil años, tratan sobre temas eternos que son igual de relevantes hoy día.

Me quedo atrapado en la pasión de las líneas de apertura: "¡Grita con toda tu fuerza, no te reprimas! Alza tu voz como trompeta" (Isaías 58:1).

Lo que sigue merece que lo gritemos, no que lo susurremos o lo archivemos para más tarde. Este es un asunto en tiempo real que debe captar la atención de todos en todo lugar: "Porque día tras día me buscan, y desean conocer mis caminos, *como si* fueran una nación que practicara la justicia, como si no hubieran abandonado mis mandamientos. Me piden decisiones justas, y *desean* acercarse a mí" (v. 2, énfasis mío). El problema son esas palabras: *como si* y *desean*. Su corazón no está bien del todo y se dirigen hacia una caída.

Dios responde a su pregunta sobre por qué parece que Él ha ignorado todos sus actos religiosos de primera calidad: "Pero el día en que ustedes ayunan, hacen negocios y explotan a sus obreros… Si quieren que el cielo atienda sus ruegos, ¡ayunen, pero no como ahora lo hacen!" (vv. 3-4).

Luego vienen las lecciones de nuevo, el resumen para que incluso los que hemos estado durmiendo al fondo finalmente lo entendamos: "El ayuno que he escogido, ¿no es más bien romper las cadenas de injusticia... poner en libertad a los oprimidos...? ¿No es acaso el ayuno compartir tu pan con el hambriento y dar refugio a los pobres sin techo, vestir al desnudo y no dejar de lado a tus semejantes?" (vv. 6-7). Realmente no se aclara mucho más, ¿verdad? Los perseguidos, los que han sufrido abusos, los hambrientos, los sin techo, los pobres: estas son las personas en torno a las cuales debe girar nuestro amor, no nosotros mismos o nuestras ideas fallidas de ser impresionantemente religiosos.

Dios es claro sobre el resultado de todo esto: "Si así procedes, tu luz despuntará como la aurora, y al instante llegará tu sanidad... Llamarás, y el SEÑOR responderá; pedirás ayuda, y él dirá: '¡Aquí estoy!'" (vv. 8-9).

Durante años hemos buscado la intimidad en nuestra adoración. Hemos cantado canciones que hablan sobre la cercanía de Dios y que nuestras vidas son suyas. Hemos perseguido esos momentos en los que sabemos que Dios está cerca; hemos perseguido su voz y buscado sus planes. Y todo este tiempo hemos pasado por alto la clave para una verdadera intimidad: "Si desechas el yugo de opresión, el dedo acusador y la lengua maliciosa, si te dedicas a ayudar a los hambrientos y a saciar la necesidad del desvalido... El SEÑOR te guiará siempre; te saciará en tierras resecas, y fortalecerá tus huesos. Serás como jardín bien regado, como manantial cuyas aguas no se agotan" (vv. 9-11).

Y si lo hacemos, entonces más que la recompensa de oír la

voz de Dios y llevar su amor a los que más lo necesitan, más que la fantástica imagen de ser como un jardín bien regado en la vida misma, Isaías deja claro que el pueblo de Dios comenzará a tomar su lugar en la Historia: "Tu pueblo reconstruirá las ruinas antiguas y levantará los cimientos de antaño; serás llamado 'reparador de muros derruidos', 'restaurador de calles transitables'" (v. 12).

Y hay más: "entonces hallarás tu gozo en el Señor; sobre las cumbres de la tierra te haré cabalgar, y haré que te deleites en la herencia de tu padre Jacob" (v. 14).

Y todo esto al dejar de impresionar a Dios con nuestros intentos de ser "espirituales" y tener buenas reuniones que impresionen a quienes nos rodean. Todo esto por alimentar a alguien que esté hambriento, por dar ropa a los pobres, por defender a los indefensos y hablar por los débiles. Todo esto —toda esta historia— se consigue: a través de los actos de amor más simples. Si tan sólo, si tan sólo aprendemos a amar algo más que a nosotros mismos.

Hay otro principio detrás de todo esto. El hecho es que puede ser difícil mirar hacia fuera e intentar hacer que nuestro amor gire en torno a otros. Es más fácil cuando se trata de nosotros. ¿Por qué? En parte porque así ha sido siempre; desde historias de parejas probando frutos prohibidos hasta reyes en los tejados espiando a las que pronto serían viudas, y profetas con mal genio dirigiéndose a España porque no podían encajar la intención de Dios de extender misericordia a otro que no fuera su pueblo. Esto nos ha pasado siempre, la lucha continua por poner en el trono al yo en lugar de poner a Dios y su enfoque nada *introspectivo* de la vida.

Parece como si fuera quizá un poco más difícil que nunca en estos días. Todo a nuestro alrededor son fuerzas empujándonos a obedecer nuestra sed, a ceder ante nuestros impulsos porque "lo merecemos", a tomar la vida y hacerla a nuestra propia imagen. Estamos hechos para querer —e intentar tener— todo: la apariencia, la ropa, el sueldo, la casa, las relaciones, la carrera. Todo diseñado para pulirnos y hacer que nuestras vidas sean mucho mejores.

Pero sabemos la verdad sobre la vida, ¿verdad? Sabemos que a pesar de la presión a adaptarnos, una vida que gira en torno a nosotros no nos puede llevar a la verdadera felicidad.

Siempre me ha gustado cuando teníamos un concierto y cantábamos nuestra canción sobre ser hacedores de Historia. Durante estos años con la banda, la hemos cantado cientos de veces, sintiendo que las palabras tenían cierto poder de hacer que la gente se sintiera inspirada, animada y lista para seguir adelante y vivir una vida extraordinaria que hiciera Historia. Pero hay más, tiene que haber más.

Si vamos a ser personas que hacen Historia —y el futuro de millones de vidas depende de que cada vez seamos más ahí fuera comprometiéndonos a hacerlo—, entonces, para la mayoría de nosotros, será por una serie de razones bastante específicas. Haremos Historia escogiendo vivir nuestras vidas como una serie de pequeños actos de vida desinteresada. Como dijo la Madre Teresa: "No hay grandes cosas; sólo pequeñas cosas con gran amor". Si metemos eso en nuestro ADN, los dos mil millones de cristianos en el mundo podríamos acabar con la pobreza del mundo en cuestión de semanas. Ese es el tipo de Historia que quiero que hagamos. Olvídese del enfoque interno, y como prometen las antiguas palabras de Isaías 58, oiremos a Dios con más claridad y estaremos más cerca de su poder y su propósito si dejamos de enfocarnos sólo en nosotros y comenzamos simplemente a arreglar los problemas y suplir las necesidades de los que nos rodean. Es tan simple como eso.

Lo que sé con seguridad es esto; lo grande siempre será poderoso, pero lo pequeño es extremadamente bonito. Esta Revolución de Amor tiene el poder de ser masiva, pero siempre estará constituida por esos pequeños actos de amor desinteresado y sacrificado. Así que nuestros grandes escenarios, y grandes ventas de álbumes, y grandes canciones, bueno, está bien, pero no son tan emocionantes como el poder de una vida vivida a contracorriente.

Un último punto. ¿Cómo encaja la música en todo esto? La tentación de dejar todo lo creativo atrás y vivir en una caja de cartón es fuerte. Se siente como si esa fuera una manera de finalmente hacer algo "real" con nuestra vida. Pero esta no es nunca la historia completa. El bienestar del ser humano es un todo: cuerpo, alma y espíritu. He visto de primera mano el poder de la música, y estoy convencido de que es el arma secreta de Dios. La música puede unir donde hay guerra, puede aliviar el dolor del quebrantado, puede romper el corazón más duro, y reparar el más roto, desde las víctimas del genocidio de Ruanda a los habitantes de Nueva York que perdieron a sus familiares en las torres gemelas, así como aquellos cuyo odio provocó tanto sufrimiento.

Meta a Dios en la ecuación —no quiero decir que pueda dejarle fuera, pero entiende lo que quiero decir, ¿sí?— y tendrá una multitud bajo el cielo de India cantando canciones "de Dios", adorando al Todopoderoso con los ángeles. Abra sus ojos y verá cómo se produce la sanidad. Quizá no pone inmediatamente comida en la boca de niños desesperados, pero es un momento cuando el cielo toca la tierra, y en ese momento ocurre la restauración. Es entonces cuando sentimos una sensación de pertenencia, sentimos que no estamos solos. De manera increíble, sentimos que Dios mismo no nos ha abandonado.

La música puede hacer esto, y Dios no nos está llamando a dejarla a un lado y vivir en una caja de cartón, sino que nos llama a usar nuestra música, que es el don que Él ha puesto en nosotros, para ayudar a los pobres que viven en situaciones desesperadas. Si adoptamos estas lecciones tan claramente enseñadas con las palabras de Isaías, estoy convencido de que en los días venideros veremos grandes milagros antes ni siquiera de cantar una nota.

Es música y una Revolución de Amor.

Steven Curtis Chapman, compositor y líder de alabanza y un hombre que inspira con cada una de sus respiraciones y dirige con humildad y gracia, una vez puso las cosas en perspectiva para mí. Puede que él haya vendido millones de álbumes y haya recibido innumerables apretones de manos cada vez que recibía algún premio, pero pregúntenle de qué es de lo que está más orgulloso y les dirá que es esto: la manera en que su familia se ha dado para adoptar niños que necesitan un hogar. "Es la señal más clara de que Dios está obrando en mi vida", dice él.

Cuando miramos más allá de nosotros mismos, cuando nuestro amor por otros nos empuja más allá de la comodidad, cuando ponemos nuestro tesoro para reconstruir vidas, es cuando nos encontramos viviendo entre las señales más claras de que Dios está obrando en nuestras vidas.

Así que esta es una revolución que no será televisada. Si lo hacemos bien, no será necesario; la evidencia del amor en acción será encendida en nuestra vida, transformando nuestros vecindarios y respirando esperanza en la atmósfera.

Es tan simple como eso.

El amor es inclusivo, no exclusivo

Si juzga a las personas, no tiene tiempo para amarlas.
Madre Teresa

Jamie caminaba hacia la iglesia por la esquina de Spruce Avenue y la calle Veintitrés en Harbor, Illinois. Necesitaba ayuda desesperadamente. Había visto el edificio de la iglesia desde hacía mucho tiempo, y veía a la gente entrar y salir dos o tres veces por semana. Jamie se sentaba a menudo en la cafetería de enfrente de la iglesia, bebiendo un café latte, preguntándose cómo le aceptarían si alguna vez tuviera el valor de entrar a una de esas reuniones.

Jamie había asistido a la escuela dominical algunas veces cuando era niña e iba con una vecina, pero realmente sabía muy poco sobre el protocolo adecuado para estar en una iglesia. No estaba segura si encajaría o si sería aceptada, así que tan sólo se bebió el café y observó. Intentaba ver si la gente de la iglesia parecía más feliz cuando salía que cuando entraba, pero todos se iban tan rápidamente que realmente no podía ver con claridad. De vez en cuando, alguien de la reunión pasaba a la cafetería después de la iglesia. Algunos se sentaban solos y, honestamente, parecían tan solitarios como ella. Algunos entraban con otras personas y se reían y parecían felices, lo cual le daba esperanza de que un día pudiera tener el valor necesario para ir a una reunión.

Jamie creció en un hogar donde recibió muy poco afecto. Su padre y su madre eran alcohólicos, y aunque no abusaban abiertamente de ella, le hicieron mucho daño a su autoimagen al criticarla a las primeras de cambio y notar todas sus faltas. A menudo la comparaban con su hermano, que parecía ser más listo y tener más talento que ella en todo. Siempre se sintió desplazada, fea y estúpida, y como si no tuviera ningún valor.

A los trece años de edad, Jamie encontró a las compañías equivocadas y comenzó a beber y tomar drogas. Su dolor emocional era tan profundo que tenía que nublarlo con el abuso de sustancias. También desarrolló un desorden alimenticio llamado bulimia. Comía cantidades normales de comida, a veces se daba un atracón, pero siempre se obligaba a vomitar después de comer para no engordar.

Nunca había olvidado el día en que cumplió doce años, cuando su madre la miró con disgusto y dijo: "No he tenido tiempo de hacerte un pastel de cumpleaños, aunque tampoco lo necesitas, ¡ya estás bastante gorda!". Ella nunca había pensado que estaba gorda hasta aquel día, pero desde entonces se miraba en el espejo y veía a una chica gorda con unos quince kilos más de lo que realmente pesaba. Su autoimagen quedó distorsionada por las cosas tan malas que repetidamente le decía su madre.

Las calificaciones de Jamie en la escuela no eran muy buenas, y no sentía que pudiera ir a la universidad, así que cuando se graduó del instituto consiguió un trabajo reponiendo estanterías y preparando bolsas de comida en una tienda de alimentación. Nunca tendría dinero suficiente para irse de casa e independizarse, pero podía comprar su propia ropa, su bebida y algunas drogas cuando quería para realmente evadirse. La mayoría del resto del tiempo evitaba estar en casa, y se sentaba en la cafetería o caminaba por el vecindario y se preguntaba cómo serían las demás familias que vivían allí. No tenía verdaderas amigas, al menos nadie en quien confiar o con quien supiera que podía contar. La gente en su vida era gente que quitaba, no que daba, y tenía miedo de la mayoría de ellos.

Un día, finalmente sintió el valor suficiente para entrar a la iglesia mientras entraban las demás personas. Se metió entre la multitud, en parte esperando pasar desapercibida, pero en parte desesperada por alguien que le diera la bienvenida y le dijera: "Estamos muy contentos de que estés aquí hoy". Se dio cuenta de que la gente la miraba y algunos incluso susurraban, pero nadie parecía amigable. Jamie vestía un poco exagerada para el gusto de la mayoría de la gente, y su cabello era de unos tres colores diferentes, básicamente negro, con rojo y mechas rubias. Vestía unos vaqueros anchos y una camiseta ancha, y no lo hacía por comodidad, sino por intentar ocultar lo que pensaba que era un cuerpo con sobrepeso. Llevaba chanclas, que, por supuesto, nadie llevaba en la iglesia, ¡al menos no en esa iglesia!

Jamie se sentó en la última fila y prácticamente no entendió nada de lo que ocurría. La gente seguía de pie y leyendo cosas en un libro que estaba perfectamente colocado en la parte posterior de los bancos delante de ellos; luego se volvían a sentar.

Había algunos cantos, se tocaba el órgano y se oraba, y se pasaba un plato para la ofrenda, y algunas personas ponían dinero en él. Un hombre que parecía bastante infeliz y un poco enojado dio un sermón de unos veinte minutos, el cual realmente no entendió. Pensó que era el pastor, pero no estaba segura. Finalmente, parecía que la reunión estaba terminando porque todos se pusieron de pie nuevamente y cantaron una canción más.

Ella pensó que quizá alguien le diría algo al salir. ¡Claro, alguien le diría algo! El pastor se quedó de pie en la puerta estrechando las manos de las personas mientras salían de la iglesia, y cuando Jamie llegó a él, el pastor no sonrió ni le miró a los ojos. Se podría decir que simplemente estaba cumpliendo con su obligación y deseando que terminara.

Mientras bajaba por las escaleras, se dio cuenta de que una señora parecía que estaba esperándola al final de la escalera. Se emocionó un poco pensando que alguien se había fijado en ella. En efecto, la mujer se había fijado en ella, pero se había fijado en todo lo que creía que estaba mal en cuanto al aspecto de Jamie, así que le dijo: "Me llamo Margaret Brown. ¿Cuál es tu nombre?". Jamie respondió con su nombre, y Margaret siguió diciendo: "Siempre serás bienvenida aquí, pero creo que te ayudaría si te digo que nosotros nos arreglamos cuando venimos a la iglesia aquí en el Tabernáculo de Santidad. No llevamos pantalones vaqueros, ni chanclas, y sería bueno si considerases un estilo de peinado que llame menos la atención. Sabes, querida, Jesús nos enseña que seamos humildes y que no llamemos la atención". Ella sonrió de satisfacción ante Jamie y repitió: "Eres bienvenida cuando gustes".

Jamie no pudo ir a la cafetería ese día; tenía que ir a algún lugar a solas y llorar. Ahora sentía que Dios también la había rechazado, y pasó el resto del día pensando en suicidarse. Estaba en el fondo del pozo, y sentía que no tenía ninguna razón para vivir.

Estos nombres son ficticios, pero el mundo está lleno de Jamies, y Tabernáculos de Santidad, y mujeres religiosas como la Sra. Brown. Está lleno de cristianos haciendo fila para entrar y salir de las iglesias cada semana; a muchos de ellos no les gusta ir y están deseando que termine la reunión; ¡critican, juzgan y son muy exclusivos!

Dios ama a todos igual

Jesús probablemente no estaba en el Tabernáculo de Santidad el día en que fue Jamie porque Él tampoco se hubiera sentido cómodo. Pero si hubiera estado allí, hubiera estado buscando a las Jamies que pudieran ir ese día. O bien se hubiera sentado a su lado, o la hubiera sentado más adelante para que se sentara con Él, y le hubiera preguntado si estaba de visita. Al saber que era su primera visita, se hubiera ofrecido para explicarle cualquier cosa que ella no entendiera. Le hubiera sonreído cada vez que ella le mirase y, conociéndole, le hubiera hecho un elogio por su peculiar peinado, ¡porque sucede que a Él le gusta la variedad! Incluso le hubiera invitado a tomar un café en la cafetería de enfrente, donde normalmente Él iba con sus amigos, y cuando Jamie se hubiera ido hubiera estado esperando que llegara el momento de volver la próxima semana. Pero claro, Jesús no estaba allí ese día porque ninguna persona actuó como Él hubiera actuado. Nadie le representó debidamente, y nadie estaba imitando a Dios.

Sin hacer distinción de personas

La Biblia dice en varios lugares que Dios no hace distinción de personas (ver Hechos 10:34; Romanos 2:11; Efesios 6:9). En otras palabras, Él no trata a unas personas mejor que a otras por el modo en que visten, por su salario, por las posiciones que tienen o por lo que saben. Él no sólo trata a todos por igual, sino que parece tratar especialmente bien a los que están heridos. Dios le dio a Moisés muchas instrucciones para entregar a los israelitas con relación a cómo tratar a los extranjeros entre ellos, y su principal instrucción fue siempre básicamente esta: "Háganles sentir cómodos y sean amigables con ellos. No les opriman de ninguna forma" (ver Éxodo 22:21; 23:9; Levítico 19:33). El apóstol Pedro dijo lo siguiente:

> Practiquen la hospitalidad entre ustedes (los de la
> familia de la fe) [Sean hospitalarios, amantes de los
> extranjeros, con afecto fraternal por los huéspedes
> desconocidos, los extraños, los pobres y todos aquellos
> que vengan a su encuentro que son del cuerpo de
> Cristo] [siempre] sin quejarse (cordial y amablemente,
> sin quejas sino como sus representantes).
>
> *1 Pedro 4:9*

Antes de que pase esta parte a toda prisa, haga un inventario de lo amigable que es usted con la gente que no conoce y especialmente con quienes son totalmente distintos a usted. Algunas personas son por naturaleza amigables y con un carácter extrovertido, pero a aquellos de nosotros que parece faltarnos ese "gen de la amistad" necesitamos tomar la decisión de hacerlo porque la Biblia dice que lo hagamos.

El apóstol Santiago amonestó a la iglesia a no prestar una atención especial a las personas que vestían ropas espléndidas en la sinagoga o a darles lugares de preferencia cuando entraran. Dijo que si la gente actuaba así y quería un trato especial, estaban discriminando y tenían motivos equivocados. Dijo que nosotros ni siquiera intentásemos practicar la fe de nuestro Señor Jesucristo junto al esnobismo (ver Santiago 2:1-4). En otras palabras, tenemos que tratar a toda las personas como merecedoras de nuestro respeto.

Jesús puso fin a la distinción entre las personas y dijo que todos somos uno en Él (ver Gálatas 3:28). Tan sólo necesitamos ver gente valiosa, no gente negra, roja o blanca, no la marca de su ropa, su peinado, los autos que conducen, sus profesiones o títulos; simplemente gente por la que Jesús murió.

Una lección de la cafetería

Creo que todos deberíamos considerar nuestros círculos de inclusión y agrandarlos. Tenemos que hacerlos lo suficientemente grandes para poder incluir a todo tipo de personas. Recientemente estuve con Paul Scanlon, un pastor en Birmingham, Inglaterra, y estuvimos tomando café en una cafetería con varias personas. Recuerdo que miré el peinado de la camarera que estaba esperando para tomarnos nota, y, para ser honesta, fue lo más raro que había visto nunca. Su cabeza estaba rapada excepto lo que se llama un Mohawk (una cresta) en medio, y era negra, azul, roja y blanca. También tenía perforaciones en su nariz, su lengua, su labio y varios lugares de sus orejas. Recuerdo que me sentí un poco incómoda porque no se parecía en nada a mí. Éramos tan diferentes que no pude pensar en algo que decir que nos pudiera conectar. Tan sólo quería pedir mi café e intentar no quedarme mirando.

Paul, por el contrario, entabló una conversación con ella y lo primero que dijo fue: "Me gusta tu cabello. ¿Cómo haces para que se quede así de firme?". Siguió la discusión con ella, y el aire que se había sentido tan apretado de repente se relajó. Enseguida estábamos todos a gusto, y pude sentir que todos empezamos a unirnos a la conversación y a incluirla en nuestro círculo. Aprendí una gran lección ese día: que no soy tan "moderna" como me gustaría creer que soy. Todavía me queda algo de pensamiento religioso fétido con el que tengo que lidiar, y necesito llegar a un nuevo nivel de hacer que toda la gente, incluyendo a los que son un poco diferentes, se sienta cómoda e incluida.

Quizá, para la chica de la cafetería yo era la rara y diferente. ¿Por qué siempre nos ponemos como el estándar para lo que es aceptable y suponemos que todo el que sea diferente tiene un problema? ¿Cuál es el peinado correcto, o el estilo de vestir? Un día comencé a pensar sobre cuál sería el aspecto de Moisés cuando volvió del monte Sinaí, donde pasó cuarenta días y noches recibiendo los Diez Mandamientos de Dios. Apuesto a que estaba todo despeinado, a que su barba necesitaba desesperadamente un arreglo, y a que su túnica y sus sandalias estaban un poco sucias.

Sé que Juan el Bautista era un poco extraño. Vivía solo en el desierto, vestía pieles de animales y comía langostas y miel silvestre. Cuando apareció, gritaba en voz alta: "¡Arrepentíos pecadores, porque el reino de Dios ha venido!".

La Biblia enseña que debemos tener cuidado de cómo tratamos a los extranjeros porque puede que, sin saberlo, hospedemos ángeles (ver Hebreos 13:2). Dice que deberíamos ser amables, cordiales, amigables y compasivos con ellos y compartir las comodidades de nuestros hogares. La mayoría de la gente de nuestra sociedad hoy ni siquiera habla con desconocidos, mucho menos es amigable.

Lo sé, lo sé, probablemente está diciendo: "Joyce, hoy vivimos en un mundo muy diferente. Nunca sabes con quién estás hablando". Sé que tenemos que usar la sabiduría, pero no deje que el temor le haga ser frío y poco amistoso. ¡Seguro que puede buscar a las personas nuevas en la iglesia, el trabajo, la escuela o el vecindario y decir hola!

Seguro que puede hablar con la ancianita que está sentada en la sala del doctor mientras espera a que le llamen para su cita. Parece estar muy sola; por qué no darle diez minutos de su tiempo sólo para ella y dejarle que le cuente su vida. Probablemente nunca la volverá a ver, pero ella se acordará de usted. Ah, y por cierto, Dios apreciará lo que hizo por ella. Sí, fue algo pequeño, ¡pero la incluyó!

Más adelante en este capítulo leerá un artículo especial de Paul Scanlon, que cuenta la historia de su experiencia intentando que su iglesia pasase de ser una iglesia muerta y religiosa a una iglesia experimentando un avivamiento y llena de amor. Su historia puede enseñarnos mucho y hacer que nos planteemos algunas preguntas difíciles de responder. Si llegara a su iglesia un verdadero avivamiento, ¿de verdad se emocionaría, o se iría porque muchas de las personas serían como Jamie o mucho peor? Puede que vinieran de los albergues y que no olieran bien, o que apestaran a alcohol u otras cosas desagradables. La gente herida en el mundo no siempre tiene la mejor apariencia ni el mejor olor. A veces sí, pero no siempre, y debemos dejar de juzgar por la portada y estar dispuestos a leer el libro. Esté dispuesto a ver más allá de la apariencia de las personas y descubra quiénes son en realidad.

Salga de su zona de confort

Salir de su zona de confort para que otra persona se sienta más cómoda es una manera de mostrar el amor de Dios a la gente. A muchos cristianos les encanta orar por avivamiento; incluso lloran mientras oran por todas las "almas perdidas del mundo"

> Salir de su zona de confort para que otra persona se sienta más cómoda es una manera de mostrar el amor de Dios a la gente.

pero, para ser honestos, algunas de esas personas se irían si realmente llegara un avivamiento a su iglesia, porque estropearía su estilo de vida normal y no les gustaría.

Hace poco prediqué en una iglesia donde todos los pacientes en silla de ruedas de una residencia local se sentaban al frente de la iglesia. Al ser la oradora, me pusieron en la primera fila, pero las sillas de ruedas estaban alineadas delante de la primera fila. El hombre que se sentó justamente delante de mí olía realmente mal, y yo tengo un estómago bastante delicado para los malos olores. (Cuando nuestros hijos eran pequeños, me las arreglaba que Dave les cambiara los pañales siempre que estaba en casa).

Allí sentada, reconocí el sentido del humor de Dios; me puso exactamente donde quería que yo estuviera... me estaba preparando para levantarme ¡y predicar un mensaje a la iglesia sobre el amor y la inclusión! Tuve que orar mucho mientras estaba esperando para hablar, y debí parecer muy espiritual porque mantuve mi nariz arriba todo lo que pude, así que probablemente parecía que estaba mirando al cielo. Sabía que Dios había preparado todo para que yo me sentara allí y, de hecho, yo *tenía* que estar allí. Fue muy bueno para mí experimentar el tener que hacer lo que estaba preparando decirles a otros que estuvieran dispuestos a hacer. ¡No siempre tenemos que estar cómodos en todos los sitios donde vamos! Ese hombre probablemente no tenía a nadie que le bañara regularmente, y no podía hacer nada por evitar su olor. Por cierto, ese podría ser un buen ministerio para alguien que esté buscando uno. Vaya a una residencia local, ¡y ofrézcase voluntario para ayudar a que los pacientes estén limpios!

Jamie lo intenta de nuevo

Para cerrar este capítulo, permítame acabar compartiendo con usted la historia de Jamie. Tras su triste experiencia con la iglesia, juró que nunca más lo volvería a hacer (ir a la iglesia). Se fue a trabajar el lunes, obviamente deprimida, cuando una de sus compañeras de trabajo lo notó y le preguntó qué sucedía. Jamie normalmente se guardaba todo para sí, pero estaba tan dolida que comenzó a llorar. Su compañera Samantha le pidió al jefe si podían tomarse el descanso antes y se fue con Jamie a la salita de los empleados a intentar ayudarla a sentirse mejor. Después que Jamie le abriera su corazón a Samantha, incluida su dolorosa experiencia con la iglesia, Samantha le invitó a ir a su casa a cenar para poder seguir hablando. Esa noche resultó ser transformadora para Jamie.

Samantha era una verdadera cristiana; me refiero al tipo de cristiano que realmente se interesa y quiere ayudar. Comenzó a verse con Jamie dos veces por semana y comenzó no sólo a cuidar de ella, sino a gradualmente enseñarle sobre Jesús y lo mucho que Él la amaba. Después de unos tres meses, Samantha preguntó a Jamie si quería probar de nuevo ir a la iglesia con ella ese domingo. Jamie no se emocionó mucho, pero sintió que se lo debía a Samantha después de todo el tiempo que había pasado con ella.

La visita de Jamie a la Iglesia Resurrección fue bastante diferente de su experiencia con la iglesia previa. Le saludaron calurosamente y le ofrecieron un asiento especial cerca del frente porque era una invitada. Todo lo que ocurrió en la reunión le pareció que era para ella. Lo entendió todo porque tenía que ver con la vida real. Las canciones que cantaban tenían sentido, y todas le hicieron sentirse mejor. Después de la reunión la invitaron a un café y terminó conociendo a varias personas que finalmente se convirtieron en sus mejores amigas. En esa iglesia había muchas personas de todas las edades y culturas. Algunos llevaban traje y corbata, mientras que otros llevaban vaqueros y camisetas. Todos tenían la libertad de ser ellos mismos.

Jamie entregó su vida a Jesús y ahora no falta a la iglesia. Está casada, tiene dos hijos y toda su familia es parte del grupo para alcanzar el centro de la ciudad, el cual ministra a personas que viven en la calle. A Jamie le gusta hacer eso, ¡porque sabe que perfectamente ella podría haber estado entre ellos!¿No hubiera sido algo trágico si Jamie hubiera terminado con su vida como pensó hacer el día en que tuvo esa mala experiencia en la iglesia? No me gusta nada cuando la gente prueba la iglesia pensando que han probado a Dios, y luego le abandonan porque la iglesia que probaron no representó bien a Dios. Asegurémonos de incluir a todo tipo de personas en nuestro círculo. Nunca excluya a nadie por no ser como usted. Todos tenemos a gente que consideramos como nuestros mejores amigos, y no hay nada de malo en ello; incluso Jesús tenía tres de los doce discípulos con los que pasaba más tiempo que con los otros, pero Él nunca menospreció a nadie ni les hizo sentir menos que totalmente valiosos.

AMOR REVOLUCIONARIO
Pastor Paul Scanlon

¡La iglesia local es la mejor idea que Dios ha tenido jamás! Somos la comunidad de Dios de "pago adelantado", somos su rebose, su expresión, su sonrisa, y su dirección en la ciudad. Tristemente, muchas iglesias no se dan cuenta de esto, y, como resultado, millones que están al alcance de la casa de Dios mueren en el dolor de sus propias casas, sin reconocer nunca a Jesús en el disfraz de la religión y la irrelevancia que muchas iglesias llevan puesto.

El cruce

Hace diez años, nuestra iglesia sufrió una transformación extrema y el dolor era insoportable. Lo llamamos nuestro "cruce", y la historia de ese proceso ahora se ha convertido en un libro que lleva el mismo nombre, el cual relata nuestra historia con todo lujo de detalles. El tamaño medio de una iglesia en el Reino Unido, que es donde estamos, es de veinte personas, y 98 por ciento de la población no sólo no asiste a la iglesia sino que es "anti-iglesia". Así, según el estándar británico, éramos una iglesia bastante grande de más de 450 personas en ese tiempo, con base en un edificio que estaba casi pagado del todo. Éramos cercanos, felices y prósperos. Teníamos buenas predicaciones y éramos una iglesia con mucho talento musical y creativo. Sin embargo, a pesar de todo eso, nos faltaba algo grande. Había algo profundamente fundamental que estaba ausente, pero nadie parecía notarlo.

Estábamos atrapados en lo que se veía como un círculo interminable de cuidar lo que sólo se podía describir como cristianos de "alto mantenimiento, sobre alimentados y poco ejercitados". Los cristianos de alto mantenimiento son uno de los secretos mejor guardados del diablo en su plan para neutralizar a la iglesia. Son algunas de las personas más agradables que encontrará jamás, ¡y ahí radica el problema! Ninguna de esas personas era infeliz o tenía un "mal corazón" o malas actitudes. Mirando atrás, hubiera preferido eso porque hubiera hecho que la necesidad de nuestra reinvención fuera más fácil de vender.

Los pastores de todo el mundo están perdidos a la hora de describir lo que falta en sus iglesias y ministerios, y no quieren parecer intranquilos o negativos por decirlo, como el niño en la historia de *El traje nuevo del emperador* que señaló lo que era obvio para todos los que estaban alrededor del emperador: que iba desnudo.

Cuando todo el mundo es amable, amigable, están felices y bendecidos, ¿quién quiere anunciar que nos estamos muriendo? Pero a finales de 1998 me convertí en ese niño, y por primera vez en veinte años, tuve que señalar a nuestra iglesia y decir: "Estamos desnudos, cómodos, y somos fuertes, seguros e irrelevantes"; y eso me incluía a mí. No fue fácil para nosotros ver esto porque, como muchas iglesias, teníamos una teología y un lenguaje para alcanzar a los perdidos pero realmente no estábamos alcanzando a nadie. Orábamos por los perdidos, predicábamos y cantábamos sobre los perdidos, incluso llorábamos por los perdidos, pero no rescatábamos a ningún perdido. Nos habíamos convertido en un club religioso que miraba hacia adentro, y en nuestra comodidad y bendición, habíamos perdido de vista el corazón de Dios por otros que todavía faltaban y estaban dolidos.

En enero de 1999 prediqué un mensaje titulado: "Dejando a los 99 en el '99", refiriéndome a Jesús, que se describió a sí mismo como un pastor que deja la mayoría —los 99— por el que aún está perdido. Expliqué que lo que quería decir era que los que ya estaban en la iglesia no podían ser nuestra principal prioridad, sino que nuestra principal prioridad debían ser los demás. ¡Fue entonces cuando descubrí que no hay tanta furia en el infierno como en un cristiano desatendido! Me quedé impresionado de la reacción de personas buenas y llenas del Espíritu que, cuando se les dio un empujón, no pudieron tolerar la idea de que nuestra bonita iglesia se fuera a llenar con la entrada de sucios pecadores.

En mis continuos esfuerzos por llevar a nuestro club de miembros cómodos y exclusivos de vuelta al negocio de salvar vidas, lancé un ministerio de autobús en 1999. Cómo Dios me dijo que hiciera eso es una historia en sí misma, pero baste con decir que fue lo suficientemente excepcional como para convencerme de que era una "idea de Dios", porque lo último que yo necesitaba era tan sólo una buena idea.

Bien, en cuestión de semanas estábamos subiendo a cientos de esos sucios pecadores. Estas personas poco cristianas, a menudo duras, rudas e impredecibles arruinaron nuestro hermoso club. Nuestros respetables miembros les llamaban "los del autobús", y les veían como una amenaza para nuestra seguridad y estabilidad. Cada día yo recibía cartas desagradables, a menudo sucias y amenazantes, y llamadas de teléfono de personas a las que amaba, y que estoy seguro que también me amaban, pero que no lo entendían. A los niños que venían a los autobuses se les acusaba de arruinar la escuela dominical, y a sus padres se les acusaba de arruinar la reunión general, normalmente por fumar, maldecir y, lo peor de todo, espérese, de hecho osar sentarse donde normalmente se sentaban nuestros antiguos miembros.

Una ola tras otra de líderes venían a verme, urgiéndome y persuadiéndome para que lo dejase, pero era demasiado tarde. El corazón de Dios por los perdidos había encontrado mi corazón, y yo era totalmente incapaz de razonar. Durante casi dos años soporté la soledad, el aislamiento y los ataques personales más grandes que había experimentado jamás. Y lo más difícil de soportar fue que todo era un fuego amigo de personas que claramente habían olvidado que ellos también en otro tiempo se estaban hundiendo en el mar y sin embargo alguien fue a rescatarles.

Cuando todos esos intentos no pudieron disuadirme, llegó la "multitud profética". Eran los que llamábamos tipos proféticos entre nosotros. Comenzaron a concertar citas para verme, a menudo llegando en grupos, para compartir lo que Dios les había dicho que me dijeran. Su mensaje se resumía en esto: "Si no detienes esto, nuestra iglesia se dividirá, tú y tu familia sufrirán, los líderes se irán, las finanzas disminuirán y nuestro testimonio en el país será dañado". Pero para mí, sólo porque el precio fuera a ser alto no significaba que Dios estuviera diciendo: "No lo hagas". Si Él estaba enviando mensajes, simplemente estaba diciendo que, si lo hacía, ese iba a ser realmente el coste. Mi respuesta sólo podía ser estar de acuerdo, porque la mayoría de eso ya estaba sucediendo. Muchos se estaban yendo, y sin su aportación estábamos perdiendo decenas de miles de dólares al mes. Estábamos recuperando lentamente el número de los que se iban pero con gente pobre, y los pobres no sólo no tienen dinero, sino que son caros de alcanzar y caros de mantener.

Hacer que la iglesia local alcance a sus comunidades para mí es todavía la mayor batalla que afrontamos en la iglesia en el mundo hoy; y si eso es cierto, el mayor zarandeo para la iglesia aún está por llegar. Quizá como pastores tendremos que estar dispuestos a perder cientos para ganar miles, e incluso miles para ganar millones.

Me encanta la iglesia local. He estado en la misma durante más de treinta años, veintiséis de los cuales en el ministerio a tiempo completo. Pero por mucho que ame a la iglesia, me niego a morir en la comodidad del cristianismo blando. He decidido vivir lleno y morir vacío. No puedo hacerlo dentro de las cuatro paredes de la iglesia local, y usted tampoco.

En los primeros tiempos del ministerio de Jesús, fue a una ciudad llamada Capernaúm. La gente le amaba, estaban sorprendidos de su enseñanza y su poder sobre los demonios y la enfermedad. Le amaban tanto que, el día que se iba a ir de la ciudad, Lucas nos dice que la gente vino a Él e intentaron impedir que se fuera (ver Lucas 4:42).

Su respuesta a sus, sin duda alguna, más que persuasivos intentos por retenerlo es sorprendente y profunda. Sorprendente por su simplicidad, y profunda por la idea que nos da de sus prioridades y su motivación. Jesús miró a los ojos de todas aquellas personas bendecidas y simplemente dijo: "No puedo estar aquí más tiempo con ustedes porque he sido enviado a alcanzar a otras personas en otros lugares y debo ir y predicarles también a ellos las buenas nuevas. ¿Han entendido eso? ¡Fui enviado a alcanzar a otros, otros, otros!" (ver Lucas 4:43). Se trata de los demás.

Si usted pudiera cortar a Dios, sangraría otros; pero si pudiera cortar a la iglesia, tristemente sangraría nosotros. Sangramos nuestra bendición, nuestra comodidad y nuestra felicidad. Por supuesto, aquí existen excepciones, pero las excepciones son demasiado raras como para creer que pueden desequilibrar la balanza hacia el lado de otros. Durante generaciones, la iglesia, al igual que el pueblo de Capernaúm, ha estado intentando retener a Jesús para ella misma, y durante generaciones Jesús ha estado intentando irse del cristianismo cómodo para seguir alcanzando a otros. Este malentendido fundamental sobre lo que más le importa a Dios es el centro del fracaso de la iglesia en impactar a un mundo herido.

Somos bendecidos para ser bendición; somos salvos para buscar y salvar a otros. Somos sanados para sanar, perdonados para perdonar, y somos bienvenidos a unirnos a la gran Revolución de Amor de Dios. No se trata de mí, nosotros, nuestro o mío, siempre se ha tratado de otros.

El apóstol Pablo dijo que incluso el consuelo que recibimos de Dios no nos pertenece a nosotros solos: "Alabado sea el Dios y Padre de nuestro Señor Jesucristo, Padre misericordioso y Dios de toda consolación, quien nos consuela en todas nuestras tribulaciones para que con el mismo consuelo que de Dios hemos recibido, también nosotros podamos consolar a todos los que sufren. Pues así como participamos abundantemente en los sufrimientos de Cristo, así también por medio de él tenemos abundante consuelo" hacia *otros* (2 Corintios 1:3-5).

Incluso nuestros problemas no nos pertenecen exclusivamente; dentro de ellos está la semilla del consuelo, esperanza e inspiración de otra persona. Mi bendición no es mi bendición; mi misericordia no es mi misericordia; mi gracia no es mi gracia; y finalmente, mi vida no es mi vida. Todo les pertenece a los demás, y los demás en otro tiempo éramos usted y yo.

Ver cómo buenas personas a las que amas y con las que has "vivido" durante veinte años se van de la iglesia es muy doloroso. El dolor a veces de tener que separarte de aquellos con los que pensabas envejecer es también un dolor de parto. Por supuesto, en el momento es difícil ver nada bueno en algo tan malo, pero en cualquier cosa que no podamos dejar es donde nos detenemos, y si nos detenemos nunca sabremos qué pudiera haber pasado. Dios nunca hace que la gente se mueva a regañadientes; nosotros tenemos que decidir movernos. En cada dolor hay una semilla, y la mía era la semilla de una nueva iglesia que estábamos formando, una iglesia salvadora de vidas.

A finales de 1998 había dirigido a la iglesia al mayor proyecto de edificio que nosotros, y probablemente cualquier iglesia en nuestro país en la historia reciente, haya intentado jamás, con un auditorio de dos mil asientos. Hice esto por convicción propia de que si lo construía, los perdidos vendrían. Sólo desearía que hubieran venido antes, porque cuando tuvimos nuestra primera reunión en el nuevo edificio, nuestra iglesia había disminuido a 300 personas. Tengo que decirle que no importa lo creativo que pueda ser usted con las sillas, ¡el espacio que se puede dejar entre las sillas para que la gente no sienta que está en una sala distinta a la de su compañero es limitado! Trescientos en un lugar de dos mil asientos parecía un lío, especialmente cuando teníamos nuestro anterior edificio de seiscientos asientos al otro lado del aparcamiento.

Era enero del año 2000, y ese día Dios me dio una palabra de la historia de Isaac volviendo a abrir los pozos de su padre (ver Génesis 26). Isaac pasó de largo de los dos primeros pozos que abrió porque los filisteos los habían llenado. Los nombró *Esek* y *Sitna*, que significan "pleito" y "enemistad". Siguió y·abrió un tercer pozo, pero esta vez nadie lo había llenado. Nombró a ese tercer pozo *Rejobot*, que significa "espacios libres", diciendo: "Ahora el Señor me ha dado espacio para mí". Esa primera reunión del domingo por la mañana en nuestro auditorio para dos mil personas, miré a trescientas personas desgastadas y bastante golpeadas, y prediqué un mensaje titulado: "El pozo número tres va a ser un pozo surtido". Después de casi dos años de pleito y enemistad, creía que había llegado el momento de nuestro Rejobot. Ahora, años después, con una iglesia de miles, nuestro Rejobot realmente ha llegado.

Durante las últimas horas de la vida de Jesús, de pie en la corte de Pilato, tuvo la oportunidad de ser libre al ser entregado a la multitud junto a un hombre llamado Barrabás. Era costumbre en la fiesta soltar a un prisionero que pidiera la gente. Barrabás era un asesino convicto y un líder rebelde. Jesús no había sido acusado de nada, y lo único que había hecho fue ayudar a la gente. Sin embargo, sorprendentemente, la multitud gritó para que soltaran a Barrabás y que crucificaran a Jesús. La verdad es que el mundo siempre prefiere a un rebelde antes que a un revolucionario. El diccionario define un rebelde como "alguien que se resiste o desafía a un gobierno o gobernante". Pero un revolucionario es "alguien que destrona a un gobierno u orden social a favor de un nuevo sistema".

Este libro trata sobre una Revolución de Amor, no una rebelión de amor. No nos estamos rebelando contra el mundo, sino intentando revolucionarlo. De tal manera amó Dios al mundo que nos envió una alternativa, no un ultimátum. Nuestro líder, Jesucristo, es un revolucionario, no un rebelde, y vence reemplazando, y no condenando. Este es ahora nuestro reto. Si la iglesia ha de amar al mundo, debemos encontrar nuevas formas de amar lo poco atractivo e incluir lo excluido sin enjuiciar a nadie. Debemos vivir "detrás de las líneas enemigas", no como un movimiento de resistencia, sino como un movimiento de reemplazo. Somos la sociedad alternativa de Dios.

Mientras viajaba en un aeropuerto de los Estados Unidos recientemente, observé a una anciana con un bastón, luchando por colocar sus pertenencias en la cinta de seguridad. El agente de seguridad era duro con ella, y aunque veía su estrés y su lucha, no hacía nada por ayudarla. Yo de manera instintiva tomé sus cosas y las puse en la cinta. Al otro lado, me esperé con ella para ayudarla a recuperar todo de la cinta. Nunca olvidaré cómo me miró y con una sonrisa de alivio me dijo: "Muchas gracias; su amabilidad ha compensado la falta de amabilidad de ese hombre". Esa señora puso en palabras mi más honda convicción sobre la iglesia: la iglesia es el factor de compensación de Dios para un mundo herido.

Compensar es "recuperar, reducir o equilibrar los malos efectos de una pérdida, sufrimiento o daño ejerciendo una fuerza o efecto contrario". Somos el efecto contrario de Dios, y equilibramos el dolor y el sufrimiento en nuestras comunidades. Como embajadores y comerciantes de amor y esperanza, llevamos una sonrisa al rostro de un mundo estresado y en problemas. La compensación no cambia lo que ocurrió, pero puede reducir el efecto de lo que ocurrió. Una Revolución de Amor es parte del gran plan de compensación de Dios para un mundo que ha olvidado cómo sonreír.

Nuestro entorno innato no es la iglesia, sino el mundo; no el club cómodo sino el océano peligroso. Hemos nacido para prosperar en la adversidad y la hostilidad de un mundo roto. Como los peces, que van mejor en el agua, nosotros vamos mejor entre un mundo perdido porque, como los peces, fuimos diseñados para estar siempre en ese entorno innato. Saque a un pez del agua, y morirá. Quite una flor de la tierra y morirá. Quite la iglesia del mundo y morirá. Los peces nunca se sienten mojados porque el agua es su casa, y, sin embargo, muchos cristianos sufren de una gran reacción alérgica a su entorno natural. ¡Somos como peces secándonos en la playa! Una imagen ridícula, lo sé, pero gráfica y apropiada.

La Biblia a menudo dibuja la iglesia en un entorno hostil. Se nos describe como sal en un mundo corrompido, luz en la oscuridad, ovejas entre lobos, extraños y forasteros lejos de nuestro país. Fuimos diseñados para prosperar en la hostilidad. Somos la iglesia, la única parte del cielo edificada para prosperar en un mundo envenenado por el infierno. Somos el ejército revolucionario de Dios enviado a comenzar una Revolución de Amor; ¡y esa revolución tiene que comenzar hoy en usted y yo!

CAPÍTULO

9

Haga que la gente se sienta valiosa

Por lo tanto, esforcémonos por promover todo lo
que conduzca a la paz y a la mutua edificación
[edificación y desarrollo].

Romanos 14:19

Una de las maneras más fáciles de ayudar a provocar una Revolución de Amor es decidir hacer que otros se sientan valiosos. La madre Teresa dijo: "Que nadie te quiera, ni te ame, ni se preocupe y ni siquiera se acuerde de ti, creo que es un hambre y una pobreza mucho mayor que la persona que no tiene nada para comer", y he descubierto que la mayoría de la gente que vemos o con la que tenemos contacto en nuestra vida cotidiana no tiene una sensación de su infinito valor como hijos de Dios. Creo que el diablo trabaja mucho para hacer que la gente se sienta subestimada y sin dignidad, pero podemos neutralizar el efecto de sus mentiras e insinuaciones edificando, animando y desarrollando a la gente. Una manera de hacer esto es con un halago sincero, que es uno de los regalos más valiosos de este mundo.

> Una de las maneras más fáciles de ayudar a provocar una Revolución de Amor es decidir hacer que otros se sientan valiosos.

La mayoría de la gente rápidamente se compara con otros, y al hacerlo, muchas veces no ven sus propias habilidades y dignidad. Hacer que otra persona se sienta valiosa no es caro, y no tiene por qué llevar mucho tiempo. Lo único que necesitamos hacer es salir de nuestra propia mente lo suficiente para pensar en otra persona, y luego decir algo que le anime. Hacer que la gente se sienta valiosa no cuesta dinero, pero les da algo que vale mucho más que cualquier cosa que pueda comprar el dinero. Ofrecer un halago sincero puede parecer algo pequeño, pero da una fuerza tremenda.

Yo creo en tener metas, y mientras trabajaba con Dios para desarrollar buenos hábitos en el área de animar a otros, me reté a mí misma a halagar al menos a tres personas al día. Recomiendo que usted haga algo similar para que le ayude a animar de una manera más agresiva.

No se olvide de los olvidados

La gente a menudo se siente sola y olvidada. Sienten que trabajan mucho y que nadie se da cuenta o le importa. Recuerdo a una mujer que me dijo que se había sentido invisible la mayor parte de su vida. Recuerdo el dolor en su rostro mientras recordaba cómo sus padres básicamente la ignoraban. Se sentía aislada y terriblemente sola, lo cual le hacía sentirse despreciada. Sus padres eran jóvenes cuando ella nació; no estaban preparados para tener un bebé, y además eran egoístas y egocéntricos. No le dieron cariño ni apoyo emocional de ningún tipo. Me decía que se pasó la mayor parte de su infancia y adolescencia sola en su habitación, leyendo.

La descripción de esta mujer de su infancia y su sentimiento de ser invisible era muy triste, y me hizo preguntarme cuántas veces no habría yo provocado que alguien se sintiera invisible porque estaba tan enfocada en lo que estaba haciendo o en la meta que estaba intentando alcanzar, que ni siquiera me tomé el tiempo para reconocer su presencia. Mi personalidad es del tipo A, muy enfocada y decidida a alcanzar mis metas en la vida. He logrado mucho, pero he tenido que aprender a no herir a otras personas en el proceso. Nadie logra el éxito sin la ayuda de muchas otras personas dedicadas, y no mostrarles el debido aprecio o reconocerles cuando sea necesario es una tragedia terrible y un tipo de comportamiento que a Dios no le agrada.

Las cosas simples pueden ser grandes cosas

Dios habla frecuentemente en la Biblia de nuestra responsabilidad hacia los oprimidos, las viudas, los huérfanos y los extranjeros, y menciona a los que están solos y se sienten menospreciados, olvidados y subestimados. Él se preocupa profundamente de los oprimidos y hambrientos, y la gente puede estar hambrienta en muchos sentidos. Quizá tengan mucha comida para comer pero se estén muriendo por falta de ánimo o alguna palabra que les haga sentirse valiosos. Dios levanta a los que están postrados de dolor, Él protege al extranjero y sostiene al huérfano y a la viuda (ver Salmo 146:7-9). ¿Cómo lo hace? ¡Obra a través de la gente! Él necesita personas dedicadas, comprometidas, sometidas que vivan para hacer que otros se sientan valiosos. La madre Teresa dio su vida para que los marginados por la sociedad se sintieran amados y valiosos. Las cosas que hizo fueron cosas simples, fueron normalmente pequeñas cosas; sin embargo, fueron grandes cosas. Ella dijo: "No piensen que el amor, para que sea genuino, tiene que ser extraordinario. Lo que necesitamos es amar sin cansarnos".

Fuimos adoptamos

Un versículo que me ha animado mucho es el Salmo 27:10: "Aunque mi padre y mi madre me abandonen, el SEÑOR me recibirá en sus brazos [me adoptará como su hija]".

Mi madre tenía mucho miedo de mi padre, por eso fue incapaz de rescatarme de los varios tipos de abuso que él perpetró contra mí. Me sentí muy sola, olvidada, abandonada en mi pesadilla, hasta que finalmente decidí que nadie iba a ayudarme, así que procedí a "sobrevivir" en mis circunstancias hasta que pudiera escapar de ellas. He llegado a entender que una gran cantidad de personas a las que vemos diariamente están simplemente intentando sobrevivir hasta que alguien les rescate, y ese alguien podría ser usted o yo.

La Biblia dice que en el amor de Dios, "Dios nos escogió [literalmente nos apartó para Él mismo como si fuéramos suyos] en él antes de la creación del mundo" (Efesios 1:4). En amor, Él planeó que fuéramos adoptados como sus propios hijos. Estas maravillosas palabras aportaron una gran dosis de sanidad a mi alma herida. Dios adopta a los abandonados y solitarios, y los levanta y valora. Él trabaja a través de su Palabra, a través de su Espíritu Santo, y a través de creyentes guiados por el Espíritu que viven para ayudar a otros.

La madre Teresa sentía que cada persona que conocía era "Jesús disfrazado". Tan sólo intente imaginar lo diferente que trataríamos a las personas si realmente les mirásemos como ella lo hizo. Jesús dijo que si hacemos bien o mal al "más pequeño" de sus criaturas, se lo hacemos a Él (ver Mateo 25:45). En otras palabras, Él se toma de forma personal cómo tratamos a las personas. Si alguien insulta, desprecia, ignora o devalúa a uno de mis hijos, yo me lo tomaría como un insulto personal; así, ¿por qué es tan difícil entender que Dios sienta lo mismo? Luchemos todos por edificar a la gente, por hacer que cada persona a quien nos encontremos se sienta mejor, y por aportar valía a sus vidas.

Comience por una sonrisa

Una sonrisa es el comienzo del amor. Significa aceptación y aprobación. Deberíamos aprender a sonreír a todos, y cuando lo hagamos, no sólo ellos se sentirán mejor, sino que nosotros también nos sentiremos mejor.

Normalmente pienso mucho las cosas y por eso puedo parecer un poco intensa. También soporto mucha responsabilidad, y si no tengo cuidado, eso me puede hacer parecer algo sombría. Estoy aprendiendo a tomar el tiempo para sonreír a la gente, preguntarles cómo están y buscar algo amigable que decirles. Seguramente si estamos demasiado ocupados para ser amigables, entonces no tenemos equilibrio y nos dirigimos al desastre relacional. Las relaciones son una gran parte de la vida y, de hecho, he descubierto que la Biblia es un libro acerca de relaciones. Trata nuestras relaciones con Dios, con nosotros mismos y con los demás.

Es sorprendente cómo una sonrisa y un saludo amigable relaja a la gente. Esas son dos de las muchas formas en que podemos dar a la gente allá donde vayamos. Quizá esté pensando: *Bueno, ese no seré yo. Yo soy más reservado y privado. Prefiero no involucrarme tanto con la gente, especialmente con la gente que no conozco.* Si se siente así, lo entiendo, porque yo era exactamente igual hasta que seguí viendo lo que la Biblia dice sobre animar, edificar, exhortar y hacer que la gente se sienta valiosa. He aprendido que el hecho de que naturalmente yo no esté dotada en esa área no significa que no pueda aprender a hacerlo.

Durante años me he excusado de ser amigable diciendo: "Yo no soy así; yo soy más solitaria", pero me di cuenta de que "solitaria" no está incluido como un don en la Biblia. Pensar que somos "solitarios" es simplemente una excusa para evitar el lioso negocio de ser vulnerable. Después de todo, pensamos: *¿Cómo me sentiré si sonrío a la gente y no me devuelven la sonrisa?* Me sentiré rechazada, y eso nunca me hará sentir bien. La mayoría de nosotros pasamos más tiempo en la vida intentando evitar el rechazo que intentando desarrollar unas buenas y sanas relaciones. ¿Qué ocurre si intento entablar una conversación amigable con un extraño mientras espero en la sala del médico y es evidente que la persona quiere estar sola? De repente, ahora me siento avergonzado y raro, así que en lugar de "intentarlo", sigo aislado para protegerme. Cuando ocurre eso, nos estamos perdiendo la oportunidad de tocar a la gente con el amor de Dios a través de una sonrisa o una palabra amigable. Cuando damos nuestras sonrisas, podemos hacer que otros sonrían, y ese es uno de los mejores regalos que podemos dar.

Ser parte de la Revolución de Amor requerirá esfuerzo y práctica. Demandará que estemos dispuestos a cambiar algunas de nuestras costumbres y comencemos a pedir a Dios que nos muestre las suyas. ¿Se imagina de verdad a Jesús con el ceño fruncido y no siendo amigable o ignorando a la gente para no sentirse rechazado, o meramente porque estaba demasiado ocupado haciendo lo suyo para ni siquiera notar a los demás? Claro que sabemos que Jesús nunca actuaría así, y deberíamos decidir que nosotros tampoco lo haremos. Comience a sonreír más, incluso puede intentar sonreír cuando esté solo y verá que le hace sentirse más ligero y feliz. El apóstol Pablo les dijo a los que ministraba que se saludaran con un beso santo (ver Romanos 16:16), lo cual era costumbre en su tiempo. ¡Yo sólo le estoy pidiendo que sonría!

No se preocupe si no le sale naturalmente

Al final de este capítulo leerá la contribución a este libro de John Maxwell, un orador internacional y autor sobre el tema del liderazgo y un amigo nuestro. Tras unos minutos de estar con John, todo el mundo se siente increíblemente valioso. Él y yo hemos hablado sobre su gran capacidad en esta área, y él está presto a admitir que su padre le afectó a él de la misma manera. John no sólo tuvo un buen ejemplo mientras crecía, sino que también tiene el don (talento, habilidad) de animar que le ha sido dado por Dios.

La Biblia habla del don de animar (ver Romanos 12:8), y dice que la persona que ha recibido este don debería abrazarlo con celo y con un entusiasmo jovial y alegre. Al igual que yo tengo el don de la comunicación que me permite hablar de manera eficaz sin mucho esfuerzo, algunas personas tienen el don de animar. Animan a otros sin mucho esfuerzo, les sale naturalmente. Aunque algunos podrían subestimar el don de animar, yo creo que es uno de los dones que más se necesitan en el mundo.

Es maravilloso estar alrededor de personas así o conocerlas, pero de nuevo, le insto a que no se desanime sólo porque animar a otros no sea algo que le sale de forma natural. Yo tengo el don de dar, y me acuerdo que de pequeña que me encantaba hacer planes para hacerle a alguien un regalo que le hiciera feliz. Quizá no todos tienen el don espiritual de dar (que también aparece en la lista de Romanos 12, junto con el de animar a otros), pero a todos se nos manda que demos y que lo hagamos a propósito.

Láncese y ríase

La mayoría de nosotros hemos oído al menos algo sobre el valor de la risa para nuestra salud física y psicológica. Sonreír es la puerta hacia la risa, que es algo que tenemos que hacer frecuentemente y a propósito.

La Biblia dice que el corazón alegre es como una medicina (ver Proverbios 17:22). Una de las cosas increíbles que he notado sobre mi ministerio de enseñanza es que soy muy graciosa. Digo que es increíble porque en lo que yo llamaría la "vida normal", no es la forma en que la gente me describiría. Me he dado cuenta de que, como es el Espíritu Santo el que habla a través de mí, obviamente Él conoce el valor del humor y el efecto sanador que conlleva.

Dios quiere que nos riamos, y quiere que hagamos reír a otros. Eso no significa que nos convirtamos en bufones o que nos riamos cuando no es oportuno, pero podemos ayudar a otros a tomarse la vida un poco menos en serio. Todos estaríamos mejor si aprendiéramos a reírnos de nosotros mismos de vez en cuando en lugar de tomarnos todo tan en serio.

Las últimas tres veces en que me he puesto pantalones blancos, me los he manchado de café. Puedo pensar, o bien que soy una patosa que no puedo sostener nada y comenzar a subestimarme, o puedo hacer un chiste de ello e intentar que no me ocurra la próxima vez. Durante años he escuchado a gente degradarse a sí misma de forma verbal por cada error que comete, y creo que eso entristece a Dios. Si conocemos nuestra valía en Cristo, *nunca* deberíamos decir cosas sobre nosotros que degraden lo que Dios ha creado.

¿Por qué no hacer un hábito de ayudar a la gente a ver que todos cometemos errores tontos y que podemos escoger reírnos o enojarnos por ellos? ¡Dé a la gente permiso de no ser perfecto! El mundo está lleno de presión para que nos desarrollemos y mejoremos, ¡pero cuándo no necesitamos una palabra de amabilidad que nos diga que seguimos siendo aceptados y valiosos!

Cuando esté con personas que cometan errores, intente inmediatamente recordarles los puntos fuertes que tienen o algo increíble que les haya visto hacer recientemente. Mis dos hijas son unas madres maravillosas y dedicadas. Cuando se sienten mal por algo que no han hecho del todo bien, les recuerdo que son unas grandes mamás, y enfatizo lo importante que es eso. No deberíamos dar por hecho todo lo que la gente hace bien. El diablo trabaja a destajo intentando hacer que la gente sienta que es un fracaso, y nosotros deberíamos trabajar con la misma intensidad para hacerles sentir que son un éxito.

Nada cambia completamente una mala situación tan rápidamente como la risa. Creo que ahogamos el "niño" o la "niña" que hay en nosotros demasiado rápido en la vida. Los niños no parecen enojarse porque se les caiga algo, por revolver su ropa, por tropezar y caerse o por cometer un error. Normalmente encuentran la forma de seguir riéndose y divirtiéndose mientras los adultos les dejen. Jesús dijo que no podríamos experimentar la maravillosa vida que Dios promete a menos que nos hagamos como niños (ver Lucas 18:17), así que le recomiendo encarecidamente que nos ayudemos unos a otros en esta área.

Me encanta estar al lado de personas que no me presionen a ser perfecta. Dios nos ama incondicionalmente, y eso significa que nos acepta como somos y luego nos ayuda a ser todo lo que podemos llegar a ser. Sonreír es una señal de aceptación. Ayudar a la gente a reírse de ellos mismos es una manera de decir: "Te acepto, con todas tus faltas".

Tener paciencia con las debilidades de los demás es sólo una manera sencilla de mostrar amor. El apóstol Pablo había enseñado a la gente a animar y levantar a otros, y frecuentemente les recordaba que siguieran haciéndolo. "Por eso, anímense [amonestar, exhortar] y edifíquense [fortalecer y desarrollar] unos a otros, tal como lo vienen haciendo" (1 Tesalonicenses 5:11). El Espíritu Santo mismo es quien vive en nosotros y camina a nuestro lado en la vida y nos consuela, anima y edifica. Nos insta a convertirnos en todo lo que podemos llegar a ser.

Cuando cometemos errores, Él no nos condena, sino que nos anima a seguir adelante.

La falta de ánimo causa depresión, desesperación, fracaso y divorcio, e impide a la gente alcanzar su potencial en la vida. Todos necesitamos que nos animen, y de nuevo quiero volver a tocar el punto de que animar es una de las principales formas de impulsar una Revolución de Amor en nuestra sociedad.

Acentúe lo positivo

Dios comenzó a mostrarme que una manera de amar a mi marido era simplemente no mencionarle los pequeños errores que cometía, cosas como no apagar la luz de su armario o no reponer el rollo de papel del baño. Quizá se le olvidó hacer algo que le pedí que hiciera, como subirme la carpeta a mi oficina para no tener que subirla a la mañana siguiente mientras intento hacer equilibrio con el café. Hay literalmente cientos de pequeñas cosas que todos hacemos que tienden a irritar a otros, pero podemos escoger no darles importancia y recordar que todos cometemos pequeños errores y que no nos gustaría que la gente nos los recordara continuamente.

Si realmente tiene que confrontar un asunto, entonces hágalo, pero la mayoría de las relaciones desgarradas terminan porque alguien hace una montaña de un grano de arena que realmente no tenía mucha importancia. Las personas son derribadas y se debilitan cada vez que se les recuerda algo que no hicieron bien. Yo pasé muchos años "mencionando" las cosas que me molestaban esperando que la gente dejara de hacerlas, pero me di cuenta de que mis comentarios sólo les presionaban y les hacían sentir incómodos en mi presencia. He descubierto que la oración y acentuar lo positivo son mucho más efectivos.

Cuando exageramos los puntos fuertes de la gente y las cosas que hacen bien, se motivan para vencer sus fallos y debilidades. Me sorprendió descubrir el gran reto que suponía para mí al comienzo de mi búsqueda simplemente no mencionar algo que me molestaba y dejarlo pasar totalmente. Ahora he llegado a un punto donde entiendo que mi molestia por las pequeñas cosas es un mayor problema que las cosas en sí. ¿Por qué me tiene que molestar que se quede la luz del armario encendida? ¿Acaso a mí no me pasa a veces? Claro que sí.

Hace poco corregí a Dave por sentarse al final de la cama que yo acababa de hacer y luego irse sin arreglarlo. Él me miró, sorprendido, y me llamó la atención porque había sido yo quien había sentado en la cama, ¡y no él! ¡Increíble! Estaba tan segura de que había sido Dave, ¡que se me olvidó totalmente que había sido *yo* la culpable! Este ejemplo muestra cómo un espíritu con la manía de criticar puede cegarnos a nuestras propias faltas mientras nos insta a acusar a otros.

Muestre amor acentuando lo positivo en la gente. Curiosamente, no tenemos que intentar encontrar las cosas negativas que hacen, pues parece que resaltan como luces rojas. Pero tenemos que mirar lo positivo a propósito, ¡o al menos hasta que formemos nuevos hábitos!

Como sugerí antes, comience teniendo la meta de animar o halagar a tres personas al día sin fallar. Al final del día, pregúntese quiénes fueron para comprobar que lo hizo. Cuando tres se convierta en algo natural aumente su meta a seis, y luego a diez, y luego será algo natural para usted animar a todos los que se encuentre en su diario vivir.

Sus halagos no tienen que ser algo grande. Pequeñas cosas como: "Ese color te sienta muy bien", "Me gusta tu peinado", "Tu camiseta es muy bonita", "Me haces sentir seguro", "Trabajas mucho", "Doy gracias por ti" o "Me alegro de que seas mi amiga" son cosas muy eficaces y significativas. Cuando dé y acentúe lo positivo, se sentirá más contento. Así no sólo estará dando, sino recibiendo un beneficio al mismo tiempo.

AMOR REVOLUCIONARIO
John C. Maxwell

El ánimo lo cambia todo

El ánimo es algo increíble. Su impacto puede ser profundo, casi milagroso. Una palabra de ánimo de un maestro a un niño puede cambiar su vida. Una palabra de ánimo de un cónyuge puede salvar un matrimonio. Una palabra de ánimo de un líder puede inspirar a una persona a alcanzar su potencial. Como dice Zig Ziglar: "Uno nunca sabe cuándo un momento y unas pocas palabras sinceras pueden tener un impacto sobre alguien". Animar a las personas es ayudarles a lograr valentía que quizá de otra manera no tendrían: valentía para afrontar el día, para hacer lo correcto, para tomar riesgos, para marcar la diferencia. Y el corazón del ánimo es comunicar la valía de una persona. Cuando ayudamos a la gente a sentirse valiosa, capaz y motivada, a menudo vemos que sus vidas cambian para siempre. Y a veces llegamos a ver cómo se lanzan a cambiar el mundo.

Si tiene hijos, tiene la responsabilidad de animar a los miembros de su familia. Si es el líder de una organización, puede aumentar la efectividad de su equipo dramáticamente en proporción a la cantidad de ánimo que le dé a la gente a la que dirige. Como amigo, tiene el privilegio de compartir palabras de ánimo que puedan ayudar a alguien a perseverar en medio de un día difícil o luchar por conseguir la grandeza. Como cristiano, tiene el poder de representar a Jesús amando a otros y levantándolos con una palabra de ánimo.

Únase al club

Nunca subestime el poder del ánimo. En la década de 1920, el médico, especialista y psicólogo George W. Crane comenzó a enseñar psicología social en Northwestern University en Chicago. Aunque era nuevo en la enseñanza, era un sagaz estudiante de la naturaleza humana, y creía firmemente en hacer que el estudio de la psicología fuera práctico para sus alumnos.

Una de las primeras clases que enseñó contenía estudiantes nocturnos que eran mayores que la media de los estudiantes universitarios. Los hombres y mujeres jóvenes trabajaban en las tiendas, oficinas y fábricas de Chicago por el día e intentaban superarse asistiendo a clases por la noche.

Después de la clase, una noche, una joven llamada Lois, que se había mudado a Chicago desde una pequeña ciudad en Wisconsin para trabajar en un servicio civil, le contó a Crane que se sentía sola y aislada.

"No conozco a nadie, salvo a unas chicas de la oficina", se lamentaba. "Por la noche me voy a mi habitación y escribo cartas a mi familia. Lo único que me mantiene viva cada día es la esperanza de recibir una carta de mis amigas de Wisconsin".

Fue principalmente como respuesta al problema de Lois que Crane creó lo que llamaría el Club del cumplido, el cual anunció a su clase la siguiente semana. Sería la primera de varias tareas prácticas que les daría a sus alumnos ese semestre.

"Tienen que usar su psicología cada día, o bien en casa, o en el trabajo, o en los tranvías o autobuses", les dijo Crane. "Durante el primer mes, su tarea escrita será el Club del cumplido. Cada día tienen que halagar honestamente a tres personas diferentes. Si lo desean, pueden aumentar el número, pero para que les puntúe para nota, deben haber halagado al menos a tres personas cada día durante treinta días... Luego, al final del trigésimo día, quiero que escriban un resumen con sus experiencias", continuó. "Incluyan los cambios que han notado en la gente que les rodea, así como los cambios propios en su perspectiva de la vida"[1].

Algunos de los alumnos de Crane se resistieron a la tarea. Algunos se quejaron de que no sabían qué decir. Otros tenían temor de ser rechazados, y unos pocos pensaron que sería deshonesto halagar a alguien que no les caía bien. "¿Y qué ocurre si me encuentro con alguien que no me cae bien? —preguntó un hombre—. ¿No sería poco sincero halagar a mi enemigo?".

"No, no es poco sincero cuando halagas a tu enemigo —respondió Crane—, porque el halago es una declaración honesta de elogio de algún rasgo objetivo o mérito que merezca ser elogiado. Descubrirá que nadie está totalmente desprovisto de mérito o virtud...

"Sus elogios puede que mantengan a flote la moral de almas solitarias que están casi listas para rendirse ante la lucha de hacer buenas obras. Nunca sabrán cuando su halago informal encuentre a un chico o chica, hombre o mujer, en el punto crítico en el que, de otro modo, tiraría la toalla"[2].

Los alumnos de Crane descubrieron que sus sinceros cumplidos tenían un impacto positivo sobre la gente que les rodeaba, y la experiencia tuvo incluso un mayor impacto sobre los alumnos mismos. Lois floreció y se hizo una persona relacional que iluminaba una habitación cuando entraba. Otra alumna que estaba lista para dejar su trabajo de secretaria legal debido a un jefe especialmente difícil comenzó a elogiarle, aunque al principio lo hacía a regañadientes. Al final, no sólo cambió el mal humor del jefe con ella, sino también la exasperación de ella. Terminaron gustándose genuinamente el uno al otro y se casaron.

El Club del cumplido de George Crane hoy probablemente nos resulte un poco sensiblero, pero los principios que encierra son tan ciertos ahora como lo eran en 1920. El resumen es que Crane estaba enseñando lo que yo llamo el principio del ascensor: podemos elevar o bajar a la gente en nuestras relaciones. Él estaba intentando enseñar a sus alumnos a ser proactivos. Crane dijo: "El mundo se muere por aprecio, está hambriento de cumplidos, pero alguien debe echar a rodar la bola hablando primero y diciendo algo bonito a su compañero".[3] Él abrazó el sentimiento de Benjamin Franklin, que decía: "Igual que debemos dar cuenta de cada una de nuestras palabras vanas, de igual forma debemos hacerlo con cada uno de nuestros vanos silencios".

Cinco cosas que cada animador debe saber sobre la gente

Usted tiene un poder tremendo para afectar las vidas de las personas que le rodean. Su ánimo podría ser lo que marque la diferencia en el día, la semana o incluso la vida de otra persona, haciendo que vaya en una dirección totalmente distinta. Es difícil animar a la gente si no sabe lo que los anima, así que conviértase en un estudiante de la gente y aprenda su forma de ser. Conozca lo que les estimula. Para empezar, comience aplicando estas cinco cosas que yo sé sobre la gente:

1. Todo el mundo quiere ser alguien.

Todas las personas quieren ser afirmadas, quieren ser amadas, quieren que piensen bien de ellas. Todos quieren ser alguien, y esto ocurre desde los niños más pequeños al mayor de los adultos.

¿Cómo puede ayudar a otras personas a sentirse alguien? Viéndoles como un "10". Creo que, en su gran mayoría, la gente responde a nuestras expectativas de ellos. Si usted piensa lo mejor de ellos, generalmente le darán su mejor esfuerzo. Si trata a la gente como un "10", ellos responden como un "10", pero si trata a alguien como un "2", responderá como un "2". La gente quiere reconocimiento y afirmación. Es un deseo humano profundo, y podemos ayudar a la gente a ser grande simplemente mostrándoles que creemos en ellos.

2. A nadie le interesa cuánto sabe usted hasta que no sepa lo mucho que usted se interesa.

La gente no quiere saber lo inteligentes que somos, no quiere saber lo espirituales que somos, y no quiere saber qué títulos tenemos o cuánto dinero hemos amasado. Lo único que realmente quieren saber es si nos interesamos genuinamente por ellos. Tenemos que mostrar el amor de Dios a otros a través de nuestras vidas.

Aprendí esta lección de Katie Hutchison, mi maestra de la escuela dominical de segundo. Cuando yo estaba enfermo y no iba a la iglesia, ella venía a visitarme esa semana.

"Oh Johnny, te extrañé el domingo pasado en la iglesia —me decía—. Quería ver cómo estás", y me daba una cosita de cinco céntimos que yo pensaba que valía un millón de dólares, y decía: "Espero que puedas venir a clase el domingo que viene porque te extrañamos mucho. Es más, cuando vengas a clase, quiero asegurarme de verte, así que cuando me levante para enseñar, ¿podrías levantar tu mano y saludarme?" (¡Había casi cincuenta niños en su clase!). "Así te podré ver, y te sonreíré, y me sentiré mejor y enseñaré mejor".

Cuando llegaba el domingo, yo iba a clase me sintiera bien o no. Le saludaba, ella me sonreía, asentía y enseñaba. Yo sabía cuánto se interesaba por mí, y eso me hacía sentir que podía hacer cualquier cosa.

3. Cualquiera en el cuerpo de Cristo pertenece a todos en el cuerpo de Cristo.

Como cristianos, demasiadas personas intentan caminar por sí solas, y se hacen indiferentes a otros y esperan que ellos también caminen solos. Pero no es así como debiera funcionar el cuerpo de Cristo.

Cuando un cristiano intenta caminar solo, es como el albañil en la historia tan graciosa que oí una vez. Necesitaba mover unos doscientos cincuenta kilos de ladrillos desde el tejado de un edificio de cuatro plantas hasta la acera de abajo. A continuación están las palabras acreditadas a dicha persona según fueron tomadas de una hoja de reclamación del seguro:

Me hubiera llevado demasiado tiempo bajar los ladrillos a mano, así que decidí ponerlos en un barril y bajarlos con una polea que había sujetado al tejado del edificio. Tras atar la cuerda de forma segura en el piso de abajo, subí al tejado del edificio, aseguré la cuerda alrededor del barril, lleno de ladrillos, y solté la cuerda hasta la acera para el descenso.

Luego bajé hasta la acera y desaté la cuerda, suje-tándola de forma segura para guiar el barril lentamente hasta abajo. Pero como yo sólo peso setenta kilos, los doscientos cincuenta kilos de carga me dieron un tirón y me subieron desde el suelo tan rápidamente que no tuve tiempo de pensar en soltar la cuerda.

Mientras pasaba entre el segundo y el tercer piso, me encontré con el barril que venía. Fue entonces cuando me hice las magulladuras y las laceraciones en la parte supe-rior del cuerpo.

Me sujeté fuerte a la cuerda hasta que llegué al tejado, donde la mano se me atascó en la polea. Ahí me rompí el dedo pulgar.

Al mismo tiempo, sin embargo, el barril golpeó la acera con un golpe seco, y el fondo del barril se rompió. Sin el peso de los ladrillos, el barril pesaba sólo unos veinte kilos, con lo cual los 70 kilos de mi cuerpo comenzaron a descender. Me encontré con el barril vacío que subía, y fue entonces cuando me rompí el tobillo.

Frenado ligeramente, continué el descenso y aterricé sobre la pila de ladrillos, y fue entonces cuando me torcí la espalda y me rompí la clavícula. En este instante perdí mi presencia de ánimo, y solté la cuerda y el barril vacío me cayó encima. Así me hice las heridas en la cabeza.

Y para la última pregunta en su hoja del seguro: ¿Qué haría si volviera a ocurrirle lo mismo otra vez? Por favor, tenga por seguro que jamás volveré a hacer el trabajo yo solo.[4]

En un sentido espiritual, eso es lo que ocurre cuando la gente permanece desconectada del cuerpo de Cristo. Dios no nos diseñó a ninguno para caminar solos. Fuimos diseñados para animarnos y ayudarnos unos a otros. Como hermanos y hermanas, necesitamos hacer juntos el viaje.

4. Cualquiera que anima a alguien influencia a muchas personas.
Mucha gente me ha ayudado y animado durante el camino en mi vida. Ahora miro atrás, teniendo sesenta y un años, y me sorprendo de lo generosos y amables que otros han sido.

Una de las personas que hizo eso cuando yo era un muchachito de séptimo grado fue un hombre llamado Glen Leatherwood, otro de mis maravillosos profesores de la escuela dominical. Éramos un grupo muy terco: siempre moviéndonos, retorciéndonos, hablando, peleando; haciendo todo menos escuchar. Pero escuchábamos a Glen porque él vivía para amarnos y animarnos.

Un día su voz comenzó a romperse, y todos los niños nos pusimos de alguna manera a mirar a Glen, y él nos miró a nosotros, y comenzaron a brotarle las lágrimas.

"Al terminar la clase —dijo—, me gustaría ver a Steve Benner, Phil Conrad, Junior Fowler y John Maxwell un segundo. Tengo algo grande que decirles".

Después de la clase nos reunimos, y dijo: "Todos los sábados por la noche oro por cada niño de mi clase de séptimo curso. Anoche sentí que Dios me decía que ustedes cuatro van a ser llamados al ministerio, y quería ser el primero en decírselo. También quería ser el primero en imponer mis manos sobre ustedes para hacer una oración".

Glen puso sus manos sobre nuestras cabezas y me dio lo que siempre he considerado como mi ordenación oficial en el ministerio. Y tenía razón, los cuatro nos convertimos en pastores en el ministerio.

Muchos años después fui a visitar a Glen, y le pregunté cuántas personas estaban en el ministerio de sus clases de la escuela dominical durante todos los años que enseñó. Me dijo que no estaba seguro, pero sabía con seguridad que al menos treinta.

Me pregunto cuántas iglesias se habrán beneficiado del amor y el ánimo que él mostró a muchos niños de séptimo cada año. ¿A cuántas vidas habrán impactado sus palabras de ánimo? Probablemente no lo sabré hasta que esté en el cielo, pero puedo decirle esto: cualquiera que anime a alguien influencia a mucha gente.

5. Dios ama a todos

Muchos cristianos tienden a ser demasiado exigentes acerca de a quiénes ayudan y a quiénes animan. Buscan a personas como ellos mismos, y algunas personas incluso creen que sólo deben ayudar a los que crean lo que ellos creen y piensen como ellos. Pero no debería ser así, al menos no es la manera en que Jesús lo hizo.

Hace años, encontré algo sobre una persona que se cayó en un hoyo y no podía salir, y cómo otros trataron a esa persona:

Una persona subjetiva se acercó y dijo: "Lo siento por ti que estés ahí abajo".

Una persona objetiva se acercó y dijo: "Bueno, es lógico que alguien se pudiera caer ahí abajo".

Un fariseo dijo: "Sólo la gente mala cae en los hoyos".

Un matemático calculó cómo se cayó el individuo en el hoyo.

Un periodista quería la exclusiva de la historia de la persona en el hoyo.

Un fundamentalista dijo: "Te mereces estar en el hoyo".

Un calvinista dijo: "Si hubieras sido salvo, nunca te hubieras caído en ese hoyo".

Un arminiano dijo: "Eras salvo y aún así te caíste en ese hoyo".

Un carismático dijo: "Sólo confiesa que no estás en ese hoyo".

Un realista llegó y dijo: "Guau, eso es un hoyo".

Un geólogo le dijo que apreciara los estratos rocosos del hoyo.

Un trabajador del Servicio Interno Fiscal de ingresos preguntó si estaba pagado impuestos en ese hoyo.

El inspector del condado preguntó si tenía permiso para cavar el hoyo.

Una persona autocompasiva dijo: "Eso no es nada comparado con mi hoyo".

Un optimista dijo: "Podía haber sido peor".

Un pesimista dijo: "Las cosas empeorarán".

Jesús, viendo al hombre, se estiró y le tomó de la mano, y le sacó del hoyo.

Jesús vino para morir por la gente. Estaba y está ocupándose de la gente, y usted y yo también tenemos que ocuparnos de ellos. Siempre deberíamos tener en mente que Dios ama a todas las personas, y tenemos que tratar a otros como Jesús los trataría, y animarles a que sean quienes Dios los creó que fueran.

Creo que, en el fondo, todo el mundo quiere ser un animador, y todo el que conoce a Jesús quiere ser más como Jesús, incluso la persona más negativa. ¿Por qué digo esto? Porque creo que todos queremos ser una influencia positiva en las vidas de otros. Queremos añadir valor a otros, no restárselo.

Así que, por favor, permítame ser su animador. Usted puede marcar la diferencia, puede añadir valor a otros, puede representar bien a Jesús y algún día oír las palabras: "Bien hecho, buen siervo y fiel". Todo el mundo puede convertirse en un animador, no tiene que ser rico, no tiene que ser un genio, no necesita un gran carisma, y no tiene que tenerlo todo solucionado. Tan sólo necesita interesarse por la gente y estar dispuesto a comenzar. No tiene que hacer nada grande o espectacular. Las pequeñas cosas que pueda hacer cada día tienen el potencial de tener un impacto mucho mayor de lo que se imagina.

- Sorprender a alguien que esté haciendo algo bien.
- Hacer a alguien un cumplido sincero.
- Ayudar a alguien que esté en necesidad.
- Ofrecerle a alguien un hombro para llorar.
- Celebrar con alguien que hay logrado algo.
- Darle esperanza a alguien.

Usted puede hacerlo. Actúe ahora y tenga en mente esta frase que siempre me ha encantado: "Sé que voy a vivir en este mundo una sola vez; por tanto, cualquier cosa buena que pueda hacer, o cualquier buen gesto que pueda tener con cualquier criatura como yo, permíteme hacerlo ahora. No me dejes que lo posponga o lo descuide, porque no volverá a suceder así otra vez".[5]

CAPÍTULO

10

Actos agresivos de bondad

Preocupémonos los unos por los otros,
a fin de estimularnos [alentarnos e incitarnos]
al amor y a las buenas obras.
Hebreos 10:24

¿Alguna vez se ha sentado con su cónyuge, familiar o amigo y han hablado sobre maneras de bendecir a otros? Me atrevería a decir que la mayoría de ustedes no lo han hecho, y hasta hace unos tres años yo tampoco lo había hecho. Ahora, como mencioné en el capítulo 6, esas conversaciones me resultan muy divertidas y útiles. Todos nos emocionamos cuando pensamos y hablamos a propósito sobre maneras de ayudar a otras personas. No habrá ninguna Revolución de Amor si no hacemos cosas a propósito que ayuden a otros. Debemos tener metas y esforzarnos por alcanzarlas.

Cuando me decidí a hacer que el tema de mi vida fuera amar a los demás, anhelaba tener una variedad de formas de mostrar el amor. El amor no es una teoría ni una mera conversación; es acción (ver 1 Juan 3:18). Es cierto que podemos amar a la gente con buenas palabras que animen y expresen lo valiosos que creemos que son, como enfaticé en el capítulo anterior, pero también necesitamos usar recursos como tiempo, energías, posesiones y finanzas para amar a otros.

Quizá esté convencido de que usted no tiene nada para dar. Quizá está en deuda, haciendo lo que puede para pagar sus facturas, y la idea de dar a otros es casi provocadora para usted, o quizá le hace sentir triste porque quiere dar pero no ve cómo hacerlo. Hay literalmente miles de formas de dar y esparcir amor si las busca de manera agresiva.

Haga lo que dice

Creo que decirle a la gente lo que debe hacer y no darle ninguna información sobre cómo hacerlo es un gran error. Muchas personas hablan del amor, pero hablar no necesariamente le da a la gente ninguna idea concreta de cómo mostrar amor de formas prácticas. Acabo de ojear un libro entero sobre el amor. Tenía 210 páginas y estaba lleno de enseñanzas sobre cómo Jesús dijo que teníamos que seguir el nuevo mandamiento de amarnos unos a otros como Él nos había amado, y que por ese amor el mundo le conocería (ver Juan 13:34-35), pero no encontré ninguna idea práctica o pensamiento creativo sobre *cómo* puede un individuo hacer eso en la vida. El autor repetidamente recalcó la idea de que amarnos unos a otros es lo más importante que podemos hacer, pero puedo decir honestamente que si su libro fuera todo lo que yo supiera sobre el amor, no tendría ni idea de cómo empezar a hacerlo. Creo que la gente quiere hacer lo correcto, pero necesita alguien que les guíe señalándoles en la dirección correcta.

Jesús no sólo habló sobre el amor, sino recuerde que Hechos 10:38 dice que se levantaba diariamente e iba a hacer el bien y sanar a todos los que estaban oprimidos por el diablo. Sus discípulos le veían diariamente ayudar a la gente, escucharles, o dejar que interrumpieran sus planes para ayudar a alguien que acudía a Él con una necesidad. Ellos le vieron asegurarse de que siempre tuvieran algo de dinero para ayudar a los pobres. También fueron testigos de su pronta disponibilidad a perdonar y ser paciente con los débiles. Era amable, humilde y animador, y nunca se rindió con nadie. Jesús no solamente habló sobre amar a la gente, sino que les mostró a todos los que tenía a su alrededor cómo amar. Nuestras palabras son importantes, pero nuestras acciones pesan más que nuestras palabras.

> Nuestras palabras son importantes, pero nuestras acciones pesan más que nuestras palabras.

Nuestro mayor problema

El mayor problema que tenemos en el cristianismo es que escuchamos a la que gente decirnos qué hacer —e incluso nosotros les decimos a otros lo que hacer—, y luego salimos de nuestras iglesias o estudios bíblicos y no hacemos nada. No importa lo que *creamos* que sabemos; la prueba de lo que sabemos está en lo que hacemos. Jesús dijo que seríamos conocidos por nuestros frutos (ver Mateo 12:33), lo que significa que la gente puede saber realmente quiénes somos por dentro por lo que producimos con nuestras vidas y nuestra actitud.

Yo tengo que preguntarme constantemente: "¿Qué estoy haciendo para mostrar amor?". Podemos ser engañados por el conocimiento, según el apóstol Pablo. Podemos dejarnos cegar por el orgullo de lo que sabemos hasta el punto de no ver nunca que realmente no estamos practicando nada de ello. Pablo les dijo a los corintios que el conocimiento sólo hace que la gente se llene de orgullo, pero el amor (afecto y buena voluntad y benevolencia) edifica y desarrolla, y anima a la gente a crecer hasta su máxima estatura (ver 1 Corintios 8:1). Deberíamos todos asegurarnos de que no haya espacio entre lo que decimos y lo que hacemos. No es de extrañar que el mundo acuse a muchos cristianos de ser hipócritas, porque realmente lo son.

Asistí a una iglesia durante muchos años que hablaba sobre las misiones una vez al año el "Domingo de misiones". No recuerdo oír nunca nada sobre alcanzar a los pobres y los oprimidos de nuestra ciudad. La mayoría de los sermones que oí eran sobre creencias doctrinales en vez de los aspectos prácticos del cristianismo y cómo deberíamos comportarnos en nuestra comunidad. Una doctrina sólida es importante, pero igual de importante es saber cómo vivir mi vida cotidiana. La iglesia estaba llena de chismes, división y personas compitiendo por la posición en la iglesia. De muchas maneras, nos comportábamos igual que el resto del mundo; la única diferencia era que íbamos a la iglesia. Finalmente me pidieron que dejara la iglesia porque era demasiado radical y entusiasta sobre los dones sobrenaturales de Dios que había descubierto que estaban disponibles para los cristianos. Me había convertido en una cristiana emocionada y entusiasta, y me dijeron que estaba siendo muy emocional y que necesitaba calmarme.

Después fui a otra iglesia donde la gente también era entusiasta en cuanto a las cosas que yo sentía fuertemente. Estaban muy involucrados en dar testimonio a otros sobre la salvación a través de Jesucristo. Estaba muy emocionada y quería servir a Dios con todas mis fuerzas, así que organicé un grupo de mujeres y salimos armadas con folletos evangelísticos cada viernes. Los entregábamos a gente al salir del supermercado y los poníamos en los cristales de los autos en los aparcamientos. En pocas semanas, habíamos distribuido diez mil pequeños libritos que contenían el mensaje del evangelio. También organicé y enseñé un estudio bíblico en mi casa cada martes por la noche.

Estaba creciendo en Dios y muy emocionada por servirle, pero entonces los ancianos de la iglesia me llamaron a una reunión y me dijeron que estaba siendo rebelde porque organicé a las mujeres para repartir tratados sin su permiso. También nos informaron a Dave y a mí que él debería ser quien enseñara el estudio bíblico en lugar de ser yo. Finalmente, esa iglesia se redujo hasta la nada y ahora es inexistente simplemente porque intentaron controlar a la gente, y al hacerlo, también ahogaron los dones que Dios había dado.

Durante más años de los que puedo recordar ahora, asistí a otra iglesia que enseñaba buenas cosas, pero para ser honesta, cuando me pongo a recordar, allí había muy poco amor verdadero. Esa iglesia tenía un enfoque evangelístico mínimo y un presupuesto para alcanzar el mundo muy pequeño, y al final lo eliminaron. También teníamos líderes egoístas, llenos de orgullo, celos e incluso temerosos del éxito ajeno; algunos eran controladores y extremadamente inmaduros. Me enojo cada vez que pienso en todo el tiempo de mi vida que malgasté al involucrarme en algo tan autosuficiente. La Iglesia en general, y las iglesias locales en particular, están llamadas a servir hacia fuera y no hacia adentro. La misión de la Iglesia es *ser* un testimonio en las comunidades, ciudades, naciones y el mundo (ver Hechos 1:8).

La Iglesia tiene que funcionar de forma agresiva en la realidad del amor, el cual la Biblia claramente define como paciencia, bondad, humildad, gozo por el éxito de los demás, desinterés, dar, creer siempre lo mejor, estar presto a perdonar, mostrar misericordia en vez de juicio, benevolencia, buenas obras y ayudar a los pobres, viudas, huérfanos, desamparados, hambrientos, sin techo y los oprimidos. El amor da su vida por el bien de los demás. De hecho, el amor debe estar activamente involucrado o morirá. ¡Debe fluir y crecer!

¿Qué hará con su corazón de compasión?

En 1 Juan 3:17 se nos plantea una pregunta importante: "Si alguien que posee bienes materiales [recursos para sostener la vida] ve que su hermano está pasando necesidad, y no tiene compasión de él, ¿cómo se puede decir que el amor de Dios habita en él?". En otras palabras, este versículo está diciendo que podemos decidir abrir o cerrar nuestro corazón de compasión cuando vemos una necesidad, pero si decidimos cerrarlo repetidamente, el amor de Dios no puede vivir y permanecer en nosotros. La misma naturaleza del amor requiere que esté activo porque es algo vivo. ¡Dios es amor!

Juan hizo un alarmante y aleccionador comentario cuando dijo que "el que no ama no conoce a Dios [no le conoce, y nunca lo conoció], porque Dios es amor" (1 Juan 4:8). Podemos recibir una

rápida educación en cómo es el amor en acción en la vida cotidiana estudiando los pasos de Jesús. O, como dijo una persona:
"Quizá podemos aprender más estudiando los altos de Jesús". ¡Él
siempre tenía tiempo para los demás! ¡Siempre se interesaba! No
importa dónde fuera, Él se detenía para ayudar a los necesitados.

Seamos prácticos

Les he pedido a cientos de personas que me digan formas prácticas en que creen que podemos mostrar amor. He leído libros,
he investigado en el Internet, y he sido muy agresiva en mi
propio viaje por encontrar maneras creativas para incorporar
este tema de amar a la gente en mi día a día. Me gustaría compartir con usted algunas de las cosas que he aprendido, pero
también le animo a que sea creativo y comparta sus ideas con
otros. Puede ir a www.theloverevolution.com, que es la página
web oficial de *Revolución de Amor*, y allí encontrará enlaces
con todas las páginas de redes sociales, gráficos, descargas y
muchas herramientas de la Revolución de Amor que puede usar
para ayudar a avanzar este movimiento. Puede compartir sus
ideas con otros y tener la oportunidad de aprender de ellos.
Recuerde… ¡usted es la Revolución de Amor! Sin su activa par-
ticipación no funcionará.

Estas son algunas ideas que hemos recogido de varias personas y hemos encontrado:

• Cuando sea obvio que usted y alguien más quieren el
  mismo lugar para estacionar, dejar que la otra persona lo
  ocupe y hacerlo con una sonrisa en su rostro.

- Cortar la hierba de algún vecino mayor o quitar la nieve en el invierno.
- Limpiar la casa de alguna anciana u ofrecer hacerle la compra.
- Llevar a alguien que no tenga medio de transporte a la iglesia o a algún otro evento, aunque le quede fuera de su ruta.
- Escuchar a alguien atentamente y sin interrumpirle.
- Ser un conductor educado.
- Sujetar la puerta abierta a un desconocido y dejarle que pase antes que usted.
- Si tiene su carrito de la compra lleno y la persona que está detrás de usted sólo tiene dos cosas, dejar que esa persona pase primero.
- Ofrecerse para cuidar el bebé de alguna mamá soltera para que tenga un poco de tiempo para ella misma o tiempo para que pueda hacer alguna tarea con tranquilidad.
- Invitar a una persona que no tenga familia en la ciudad a su casa en las vacaciones.
- Enviar tarjetas y/o flores para mostrar su afecto.
- Darle a una madre soltera un vale-obsequio para que lleve a sus hijos a comer fuera.

¡Funciona!

Una de las ideas que recibimos fue: "Pagar en secreto la cena de alguien en el restaurante donde esté comiendo". Dave y yo lo hacemos a menudo, y hemos tenido muy buenos resultados. Vimos a dos señoras ancianas en el restaurante una noche.

Estaban muy bien vestidas y se habían arreglado muy bien. Sentimos el deseo de pagar su cena y lo hicimos por medio del camarero. Le pedimos que nos dejara irnos primero y luego les dijera que alguien les había querido bendecir pagándoles la cena. Claro, ellas preguntaron quién fue, y el camarero les dijo que yo era una ministra que salía en televisión y que sólo queríamos poner una sonrisa en su rostro.

Varios meses después, estábamos en el mismo restaurante y una de las señoras se nos acercó y nos dijo si nos acordábamos de ella. Debimos parecerle dubitativos, así que enseguida repitió el incidente, y luego nos dijo que esa noche que le pagamos su cena era su cumpleaños, y que significó mucho para ella que alguien hiciera algo así. Dijo que estuvo buscando mi programa de televisión y que desde entonces lo veía asiduamente. No sólo tuvimos el gozo de hacerles felices, sino que también fuimos extra bendecidos de que Dios nos hubiera usado en su cumpleaños. Ella ahora también está recibiendo regularmente enseñanza de la Palabra de Dios a través de nuestro programa de televisión, y sólo Dios sabe cuál será el fruto de todo esto. Así que un pequeño acto de bondad y una pequeña inversión económica no sólo le aportó alegría, sino que también le llevó a la Palabra de Dios.

Otra sugerencia que recibimos fue: "Pagar la compra de alguien en el supermercado". Nuestro hijo compartió una historia que tocó mi corazón y me hizo estar orgullosa de ser su madre. Su esposa y él estaban en el supermercado y observaron a una señora que parecía cansada, estresada y como si tuviera poco dinero. Estaba comprando con una lista y parecía estar poniendo mucho cuidado al poner los artículos en la cesta. Él simplemente se acercó a ella, la dio un billete de cien dólares, le dijo que comprara lo que necesitara, y se fue. Una vez leí que el amor espera en la sombra una oportunidad de expresarse, avanzar y hacer su trabajo, y luego se va rápidamente de nuevo a la sombra para esperar la siguiente oportunidad. Creo que es un hermoso pensamiento, ¿no cree?

A menudo estoy atenta a personas que parezcan desanimadas y les doy algo de dinero con un simple mensaje: "Dios te ama". Muchas veces, ni siquiera hablo de Dios, ¡simplemente muestro su carácter! Vi a una joven en su descanso en el Starbucks donde trabajaba. Estaba sentada sola en una mesa, y parecía estar muy cansada. Le entregué cincuenta dólares y le dije: "Tan sólo quiero bendecirte. Seguro que trabajas mucho, y quiero que sepas que lo aprecio". Ella miró sorprendida y luego dijo: "Esta es la cosa más bonita que alguien ha hecho nunca por mí".

Creo que no nos damos cuenta de cuánta gente camina entre nosotros cada día que se siente sola o insignificante y que tiene poca o ninguna experiencia con el amor incondicional. No están acostumbrados a recibir nada "gratis" o a recibir algo que no se hayan ganado o que se lo merezcan. Creo que hacer cosas al azar por la gente con el único fin de ser una bendición y nada más, es una manera increíble de mostrar el amor de Dios.

No se olvide de hacer el bien

Hebreos 13:16 nos anima: "No se olviden de hacer el bien y de compartir con otros [de la iglesia como encarnación y prueba de la comunión] lo que tienen, porque ésos son los sacrificios que agradan a Dios". Aunque este versículo habla específicamente sobre hacer estas cosas a los de la iglesia, el punto que quiero tocar es que vivir siendo generosos es algo que agrada a Dios. Hay muchos otros versículos que nos dicen que seamos buenos con todos, no sólo con aquellos que piensan como nosotros o que están en la iglesia. Por ejemplo, 1 Tesalonicenses 5:15 nos insta: "Esfuércense siempre por hacer el bien, no sólo entre ustedes sino a todos".

Permítame animarle a que piense en cosas que puede hacer por la gente que le sirve de maneras tales como recogiendo su basura o entregándole el correo. Son personas que están en nuestras vidas todo el tiempo, pero raras veces pensamos en cómo es su trabajo para ellos. A mí realmente no me gustaría oler y recoger la basura todos los días.

Mi hija una vez escribió una nota de aprecio a sus basureros y les dio un vale para una comida. Creo que esas cosas no sólo bendicen a la gente, sino que a menudo también son impactantes porque casi nunca ocurren. El mundo está lleno de gente que trabaja mucho haciendo trabajos que no son muy agradables, y aún así nadie parece darse cuenta.

Una vez vi a una señora limpiando el aseo de una tienda donde compro y le di algo de dinero y dije: "Se me hace que usted trabaja mucho y pensé que podría usar una bendición". Sonreí y me fui rápidamente. Unos minutos después, me buscó en la sección de zapatos y me expresó su gratitud, y me dijo lo mucho que ese acto de bondad le había animado.

Me dijo que realmente trabajaba mucho y que sentía que nadie prestaba mucha atención a ese hecho. Se sorprenderá de lo que ocurrirá en su corazón si hace un hábito de apreciar a los que normalmente pasan desapercibidos. Dios cuida de ellos y se deleitará en que usted esté dispuesto a ser su socio en esta tarea.

Practique la cortesía elemental

Cuando pedimos ideas para mostrar amor a otros, una persona escribió: "Decir siempre 'por favor' y 'gracias'". Estas son dos formas de cortesía elemental y ciertamente, ser educado en lugar de maleducado es una manera de mostrar amabilidad y respeto por los demás. Quiero animarle específicamente a que sea educado en casa con su familia. Estoy intentando acordarme de decir siempre gracias a Dave cuando hace algo que le he pedido que haga. Es muy importante que no demos por hecho a nuestros seres queridos. Tener buenos modales en público debería ser una continuación de lo que hacemos normalmente en casa y en privado.

El amor no es grosero, según 1 Corintios 13:5. La grosería normalmente procede del egoísmo, y una manera de luchar contra él es usar siempre buenos modales. Nuestra sociedad está llena de grosería, dureza y crueldad, pero eso no muestra el carácter de Dios. Jesús dijo que Él es "[apacible, humilde], suave y liviano" (Mateo 11:30), y nosotros tenemos que seguir su ejemplo.

En verdad tenemos que lograr ser agradecidos y expresar nuestra gratitud. En varios lugares, la Biblia dice que tenemos que "ser agradecidos y decirlo". Podemos pensar que somos gente agradecida, pero lo que hay en nuestro corazón es lo que sale por nuestra boca (ver Mateo 12:34). Si en verdad somos agradecidos, dar las gracias debería ser algo natural para nosotros.

El tiempo es un gran regalo; entregue su talento

Sea cual sea su talento en particular, ofrézcalo como un regalo de vez en cuando en lugar de querer o esperar siempre que le paguen por ello. Por ejemplo, si es fotógrafo, ofrézcase para tomar las fotos de una boda a un amigo o a alguien que no tenga mucho presupuesto.

Si usted es peluquera, ofrézcase para ir a albergues y cortar el cabello una vez al mes o más si está disponible.

Una amiga mía es pintora decorativa, y recientemente se pasó tres días pintando gratis una casa para mujeres jóvenes con problemas.

Dios nos ha dado a cada uno habilidades, y deberíamos usarlas para el beneficio de otros.

Mencioné en el capítulo 3 a una mujer que tenía poco dinero pero quería apoyar económicamente a las misiones, y lo hizo vendiendo sus propios dulces para sacar dinero para las misiones. Su historia enfatiza el punto de que si rehusamos no hacer nada, seremos capaces de encontrar algo que podamos hacer, y cuando todo el mundo se involucre, en poco tiempo el bien en el mundo vencerá al mal.

Establezca algunas metas

¡Tengamos metas! Yo creo firmemente en tener metas y tener un plan para lograrlas. Quizá le puede sugerir a su pastor que cuando todos se vayan de la iglesia los domingos, acuerden hacer un acto de bondad aleatorio en las tres horas siguientes. ¡Tan sólo imagine lo que ocurriría si eso se hiciera en todo el mundo!

En este capítulo, he subrayado tan sólo unas pocas de las innumerables formas de mostrar su amor a otros, ideas que espero le ayuden a entender el tipo de cosas que puede hacer. Decir que no podemos hacer nada sencillamente no es cierto.

Podemos poner excusas, pero las excusas no son sino una manera de engañarnos a nosotros mismos y justificar el no hacer nada. Tendrá más vida que nunca si se da de manera agresiva a los demás. Millones de personas en el mundo sienten que no tienen propósito, y buscan la voluntad de Dios para sus vidas y viven en confusión.

No olvidemos las palabras de Jesús: "Este mandamiento nuevo les doy: que se amen los unos a los otros. Así como yo los he amado, también ustedes deben amarse los unos a los otros" (Juan 13:34). Sin lugar a dudas, este es nuestro propósito y la voluntad de Dios para nuestras vidas.

CAPÍTULO

11

Descubra las necesidades de la gente y sea parte de la solución

Me hice todo para todos.

1 Corintios 9:22

Pablo dijo que aunque él era libre en el sentido de que nadie le controlaba, se hizo siervo de todos. Esta declaración es bastante increíble si lo piensa bien. Tenía la libertad suficiente como para hacerse siervo sin el temor a que se aprovecharan de él. Sabía que, para tener una vida auténtica, tenía que dar su vida. Decidió vivir para servir y hacer felices a otros. En su vida diaria, seguía el ejemplo que Jesús le había dado.

Pablo dijo además que se hacía judío a los judíos, se ponía bajo la ley para aquellos que estaban bajo la ley, y para los débiles se hacía débil (ver 1 Corintios 9:22). En otras palabras, se adaptaba para ser lo que la gente necesitara que fuera. Hacía lo que fuera necesario para ganarles para Cristo y mostrarles amor. Pablo tenía una gran educación, pero estoy seguro de que cuando estaba con personas que carecían de esa educación, nunca hablaba de sus títulos o les daba un discurso sobre todo lo que sabía. Él no hacía gala de su educación; de hecho, la siguiente frase muestra su humildad y determinación para nunca hacer sentir a otros como inferiores, y así escribió: "Me propuse más bien, estando entre ustedes, no saber de cosa alguna, excepto de Jesucristo, y de éste crucificado" (1 Corintios 2:2).

Cuando Pablo estaba con la gente, tenía que escucharles y tomarse un tiempo para aprender genuinamente de ellos. Creo que eso es algo que todos tenemos que hacer, y sé por experiencia propia que hacerlo mejorará las relaciones de maneras increíbles. Deberíamos conocer a la gente. Tenemos que averiguar lo que les gusta y lo que no les gusta, lo que quieren y lo que no quieren, lo que necesitan y no necesitan, y cuáles son sus sueños para el futuro. Si son débiles en un área y nosotros somos fuertes en esa área, deberíamos asegurarnos de no hacer alarde de nuestras habilidades.

Busque maneras de ayudar a las personas a sentirse bien consigo mismas

Yo soy bastante disciplinada en mis hábitos alimenticios, y recientemente pasé una semana con alguien que realmente tiene problemas en esta área. La persona mencionó varias veces lo disciplinada que soy y lo indisciplinada que es ella. Cada vez que lo hacía, yo restaba importancia a mi capacidad de disciplinarme diciendo: "Yo también tengo debilidades, y tú superarás ésta si sigues orando y esforzándote".

Hubo un tiempo en mi vida en que yo no habría sido tan

sensible a los sentimientos de mis amigas. Probablemente le habría dado un sermón sobre los beneficios de la disciplina y los peligros de comer demasiado y de una mala nutrición. Sin embargo, no hubiera tenido éxito salvo en hacer que mi amiga se sintiera culpable y condenada. Cuando me pidió que compartiera con ella ideas que la ayudaran lo hice, pero con una actitud que no le hiciera sentir que yo lo sabía todo y que ella era un desastre. He descubierto que una manera de amar a la gente es ayudarles a no sentirse peor en las cosas por las que ya se sienten mal.

La mansedumbre y la humildad son dos de los aspectos más hermosos del amor. Pablo dijo que el amor no es jactancioso y no se comporta con rudeza (ver 1 Corintios 13:4). La humildad sirve, y siempre hace lo que estimula a otros.

La Biblia nos enseña a tener la misma actitud y humildad que tenía Jesús (ver Filipenses 2:5). Él era uno con Dios, pero se despojó a sí mismo de todos los privilegios y se humilló a sí mismo para ser como un ser humano y así poder morir en nuestro lugar y tomar sobre sí el castigo que merecíamos como pecadores (ver Filipenses 2:6-9). Él nunca hizo que la gente se sintiera mal por no estar a su nivel, sino que Él se bajó al nivel de ellos. Pablo hizo lo mismo, y nosotros tenemos que seguir estos ejemplos bíblicos.

Todos necesitamos cosas diferentes

Todos somos diferentes, y tenemos necesidades diferentes. Le insto a ir la milla extra y descubrir lo que la gente realmente necesita en lugar de simplemente darles lo que usted quiere darles. Quizá para usted es fácil dar a la gente palabras de ánimo, así que tiende a animar a todos. Eso es bueno, porque todos necesitamos algunas palabras de ánimo, pero puede que le esté dando esas palabras a alguien que lo que realmente necesita es que usted entienda que necesita ayuda práctica con algo. Puede que deba tres meses de renta, y en vez de que usted le anime diciendo que Dios proveerá, lo que necesita esa persona es que le ayude a pagar la renta. Si no puede ayudarle económicamente es entendible, pero siempre es bueno al menos considerar hacer algo tangible además de las palabras cuando la situación es grave.

Quizá a usted le encanta pasar tiempo con la gente. Le encanta visitar, llamar a la gente y hablar por teléfono, o tener amigos en casa para comer; así que a menudo intenta dar de su tiempo de esa manera, pero qué ocurre si le está dando su tiempo a alguien que lo que más necesita es pasar tiempo a solas y relajarse. Para ellos sería una bendición si les diera un vale-obsequio para ir a comer mientras usted cuida de sus niños, pero usted sigue intentando darles lo que a usted le gusta.

Algunas personas son muy detallistas, y piensan y hablan con mucho detalle. Quizá le envíen mensajes de correo electrónico muy largos o dejen mensajes en el contestador que parecen interminables. Algunas personas aborrecen tener que leer correos electrónicos u oír mensajes de voz de personas muy detallistas, porque saben que hacerlo les llevará mucho tiempo. Si quienes son detallistas sólo hacen lo que les gusta o les agrada hacer, comprobarán que algunas personas les evitan.

Incluso en la comunicación deberíamos descubrir lo que las personas quieren y necesitan, y no simplemente hablarles o escribirles de la manera que a nosotros nos gusta. Si tiene una amiga a quien le gusten los detalles, entonces déle todo lo que se le ocurra. Si, por el contrario, sus amigas prefieren las cosas resumidas, entonces "vaya directamente al grano" con ellas.

A mí me encanta hacer regalos, así que normalmente hago eso para mostrar mi amor. Una vez tuve una asistente que parecía que no apreciaba mucho mis regalos, y eso realmente me molestaba porque parecía desagradecida, pero cuando la conocí mejor me dijo que para ella lo más importante era oír palabras que mostraran amor. Yo quería darle regalos porque era más fácil para mí que decirle las palabras que ella quería oír. Yo muestro el aprecio por el trabajo duro de alguien dándole cosas, pero ella necesitaba que yo le *dijera* a menudo el buen trabajo que estaba haciendo y lo mucho que yo la apreciaba. Ella necesitaba abrazos o palmaditas en la espalda. Por medio de los regalos, yo intentaba con todas mis fuerzas mostrarle mi amor, pero sorprendentemente ella no se sentía amada. Creo que esto ocurre más a menudo de lo que creemos simplemente porque no aprendemos lo bastante sobre la gente como para darles lo que realmente necesitan, y simplemente queremos darles lo que queremos darles porque es lo más fácil para nosotros.

Cuando esperamos que todos sean como nosotros, terminamos presionándolos para que se comporten de una manera en la cual no saben comportarse. Dios misericordiosamente nos da para cada necesidad que tenemos. Él sitúa a las personas correctas en nuestras vidas con los dones correctos si somos capaces de verlo y apreciar a la gente por quién es.

Estudie a la gente

Estudiar a la gente para educarme a mí misma con relación a lo que necesitan de mí ha sido una experiencia reveladora. Por ejemplo, mi marido necesita respeto y saber que siento que está haciendo un buen trabajo cuidando de mí. Necesita una atmósfera tranquila en la que vivir. Le encantan los deportes de todo tipo y necesita tiempo para jugar al golf y ver los partidos de béisbol. Si le doy esas cosas, es la persona más feliz del mundo.

A mí, por el contrario, me encantan los actos de servicio. Significa mucho para mí cuando alguien hace algo por mí que me facilite la vida. Mi marido casi siempre limpia la cocina después de cenar para que yo me pueda sentar y descansar. Si me ve intentando hacer algo que me resulta difícil o es cansado de hacer, como llevar un objeto pesado, inmediatamente me dice que lo deje, que él lo hará por mí. Esas cosas me hacen sentir valiosa y amada. Entender lo que el otro necesita y estar dispuesto a darlo ha mejorado tremendamente nuestra relación.

Mi hija Sandra necesita tiempo de calidad y palabras de ánimo. Mi hija Laura necesita palabras de ánimo, pero pasar tiempo conmigo no es tan importante para ella. Mis dos hijas me aman mucho, pero lo muestran de formas distintas. Sandra me llama casi todos los días, y ella y su familia comen con nosotros a menudo. Laura no llama tan frecuentemente y no la veo tanto como veo a Sandra, pero me ayuda a cuidar de mi madre anciana y mi tía llevándoles la compra, ayudándoles con el banco y pagando sus facturas, aunque tiene cuatro hijos en casa y la abuela de su marido vive con ellos.

Tengo dos hijos que son maravillosos, pero a la vez muy diferentes. Uno me llama todos los días y me dice que me ama; el otro no llama tanto, pero muestra su amor de otras formas. Siempre que les pido a los dos que hagan algo por mí, o bien lo hacen o se encargan de que se haga. Lo que quiero decir es que nuestros hijos son todos diferentes, pero todos maravillosos.

También he tenido que estudiar a mis hijos y aprender lo que cada uno de ellos necesita de mí para poder dárselo. A uno le gusta recibir regalos, a otro le gusta el tiempo, otro necesita palabras de ánimo y otro puede que necesite ver mi afecto. Sigo aprendiendo todo el tiempo, pero al menos ahora estoy intentando agradarles a *ellos* en vez de a mí misma.

Todos tenemos un "lenguaje del amor", un término popularizado por el Dr. Gary Chapman y explicado en su libro *Los cinco lenguajes del amor*. El lenguaje del amor de una persona es la manera en que dicha persona expresa y recibe amor. Como ya mencioné, mi lenguaje del amor son los actos de servicio, mientras que el de mi hija es el tiempo de calidad. Cuando la gente nos habla en nuestro lenguaje específico del amor, nos sentimos amados, y cuando hablamos el lenguaje del amor de otros, ellos se sienten amados. Normalmente intentamos dar a la gente lo que nosotros necesitamos, hablarles en nuestro lenguaje del amor, pero eso puede ser un tremendo error. Si ellos no necesitan lo que nosotros, entonces no importa cuánto nos esforcemos, seguirán sintiendo la falta de amor.

También estoy aprendiendo que aunque quizá haya algo que yo quiera con muchas ganas, puede que la persona de quien lo espero recibir no esté equipada para dármelo, al menos no en este momento. Yo me pasé muchos años desanimada y decepcionada hasta que finalmente aprendí a orar y confiar en que Dios me daría lo que necesitaba a través de quien Él escogiera. Mientras tanto, intento hacer lo correcto y veo que mi gozo aumenta no porque consiga lo que quiero, sino dando a otros lo que quieren. No siempre (ni siquiera habitualmente) disfruto de la parte del sacrificio, pero me gusta la satisfacción interna de saber que estoy haciendo lo que Dios quiere que haga.

¿Ha estudiado a la gente que le rodea para descubrir lo que

necesitan de usted y está dispuesto a darles lo que necesitan? ¿Les ha preguntado alguna vez lo que necesitan? Es tiempo de que dejemos de vivir egoístamente y haciendo simplemente lo que nos resulta cómodo. Tenemos que conocer a la gente que Dios ha puesto en nuestra vida y empezar a ocuparnos de servirles para su propio beneficio y no para el nuestro.

Supla las necesidades de otros

La Biblia enseña que si somos fuertes en la fe, debemos tener paciencia con los fallos de los débiles y no vivir para agradarnos a nosotros mismos. Cada uno de nosotros debería practicar el agradar y hacer feliz a nuestro prójimo, edificarles, fortalecerles y animarles (ver Romanos 15:1-2). Este es un consejo maravilloso, pero normalmente hacemos lo contrario, queriendo que otros vivan para *hacernos* felices y que hagan lo que *nos* agrada. El resultado es que, no importa cuánto haga la gente, nunca estamos felices y satisfechos.

Los caminos de los hombres no siempre funcionan, pues no nos aportan lo que realmente queremos y necesitamos, pero los caminos de Dios sí funcionan. Si hacemos lo que Él nos manda, puede que tengamos que hacer algunos sacrificios, pero tendremos un tipo de gozo que no se puede encontrar en ningún otro sitio salvo en el centro de la voluntad de Dios.

¿Será lo suficientemente honesto como para hacerse algunas preguntas que puedan ser difíciles de responder, pero que le situarán cara a cara con el lugar que ocupa respecto a este tema de amar a otras personas?

- ¿Cuánto hace por los demás?
- ¿Está intentando descubrir lo que la gente quiere y necesita para poder ayudarles?
- ¿Está intentando de forma sincera conocer a la gente que le rodea de una forma genuina?
- ¿Cuánto conoce en realidad a la gente de su propia familia?

Cuando yo respondí estas preguntas hace unos años, me horrorizó el nivel de egoísmo que había en mi vida aunque había sido una ministra del evangelio durante muchos años. La verdad comenzó a abrir mis ojos sobre el porqué todavía no me sentía feliz y satisfecha aunque tenía razones para ser una persona totalmente feliz. El resumen es que yo era egoísta y egocéntrica, y necesitaba cambiar. Esos cambios no fueron ni rápidos ni fáciles, ni están conseguidos del todo, pero cada día me esfuerzo y estoy mejorando, y cada vez me siento más feliz.

Aprenda a escuchar

Una vez que decidí en mi mente declararle la guerra al egoísmo y quise ser parte de la Revolución de Amor, tenía que encontrar formas creativas de ser de bendición. Como las personas somos diferentes y necesitamos cosas diferentes, tuve que comenzar a entrenarme para escuchar realmente lo que me decían. Descubrí que si escucho a alguien el tiempo suficiente, puedo salir sabiendo algo que darles, algo que hacer por ellos o algo por lo que orar si quiero realmente. La excusa de "no sé qué hacer" está anticuada y hay que tirarla a la basura. Si realmente queremos dar, podemos encontrar maneras de hacerlo. Recuerde:

"La indiferencia pone excusas, ¡pero el amor encuentra una manera!".

"La indiferencia pone excusas, ¡pero el amor encuentra una manera!"

Creo que escuchar es una parte fundamental para aprender a amar a la gente como necesitan ser amados. Tómese una semana, y durante ese tiempo escriba lo que la gente le dice durante una conversación normal que quiere, necesita o le gusta. Ore por la lista y pregúntele a Dios si quiere que usted haga algo al respecto, o si desea hacer algo, directamente hágalo. No creo que necesite una palabra especial de Dios para comenzar a bendecir a la gente. Si lo que ellos necesitan es demasiado para usted solo, le sugiero que considere conseguir a otras personas para unirse a usted y suplir la necesidad como grupo. Si una amiga le comenta que todavía está durmiendo en el sofá después de un año en su apartamento porque aún no ha podido comprarse un dormitorio, conseguirle uno sería algo bueno para considerar como proyecto de grupo.

Una amiga me estaba hablando de un joven de su iglesia que tenía los dientes terriblemente torcidos. Los tenía tan mal que no quería sonreír porque le avergonzaba que alguien se los viera. A mí me inundó la compasión cuando oí la historia, y pudimos conseguir que se arreglara los dientes de forma anónima. Eso cambió su vida. ¿Cuántas veces oímos de algo así, sentimos compasión y, sin embargo, nos vamos sin tan siquiera considerar si deberíamos hacer algo por ayudar? Creo que son demasiadas veces. Simplemente tenemos que educarnos y volver a entrenarnos. Tenemos que establecer nuevos hábitos, y en lugar de suponer que no hay nada que podamos hacer, deberíamos al menos pensar en ello. Recuerde que 1 Juan 3:17 dice: "Si alguien que posee bienes materiales [recursos para sostener la vida] ve que su hermano está pasando necesidad, y no tiene compasión de él, ¿cómo se puede decir que el amor de Dios habita en él?".

Oí decir a una amiga que necesitaba productos para el cuidado de la piel. Yo tenía un juego extra, así que le di uno. Mi mamá mencionó que se le había terminado el perfume, así que le compré un bote. A mi tía le gusta ir a Starbucks, así que le di un vale-obsequio. Por favor, entienda que no estoy compartiendo estas cosas con usted por ninguna otra razón salvo para darle ideas sobre formas en que puede mostrar su amor a la gente de su entorno. Estoy segura de que usted tiene muchas ideas propias, así que por favor acuérdese de ir a la página web de *Revolución de Amor* y compartirlas para que pueda inspirarnos a los demás.

Cada vez que actuamos para mejorar la vida de otra persona o para luchar contra la injusticia, estamos mandando un rayo de esperanza a la que parece ser una sociedad desesperanzada. Realmente podemos vencer el mal con el bien, así que no cesemos en nuestra determinación de hacerlo.

Amor incondicional

El amor no es ciego; ve más, no menos.
Rabino Julius Gordon

Una de las cosas más hermosas que dice la Biblia es que, aunque todos éramos pecadores, Cristo murió por nosotros (ver Romanos 5:8). Él no esperó a que mereciéramos su amor, sino que nos ama incondicionalmente. Para ser honesta, eso es difícil de entender para muchos de nosotros porque estamos acostumbrados a tener que ganar y merecer todo en esta vida.

Dios es rico en misericordia, y para satisfacer el grande, maravilloso e intenso amor con el que nos ama, entregó su vida por nosotros libremente (ver Efesios 2:4). ¡*Eso* es amor revolucionario! El amor real y revolucionario debe darse a sí mismo, porque nunca puede quedarse satisfecho haciendo nada menos.

Es el amor incondicional de Dios lo que nos atrae a Él, y es nuestro amor incondicional hacia otros en su nombre lo que acercará a otros a Él. Él quiere que amemos a la gente por Él y que hagamos lo mismo que Él haría si estuviera aquí en forma humana. *Él quiere que vivamos la Revolución de Amor.*

Quizá se acuerde de la historia que relaté en el capítulo 6 sobre mi padre, y cómo Dios nos mandó a Dave y a mí que cuidáramos de él aunque ciertamente no lo merecía. Mostrarle el amor incondicional de Dios al final ablandó su duro corazón, y se arrepintió de su pecado y recibió a Jesús como su Salvador.

El amor humano ve imposible amar incondicionalmente, pero tenemos el amor de Dios en nosotros como creyentes en Jesucristo, y podemos dejar que ese amor fluya libremente, sin condiciones. El amor del hombre falla, pero el de Dios no. El amor del hombre se termina, pero el de Dios no. A veces veo que, aunque no puedo amar a una persona en mis propias fuerzas, puedo amarla con el amor de Dios.

Alguien que me hizo daño repetidas veces durante años, recientemente me preguntó cómo me sentía en cuanto a él. ¿Le amaba? Pude decir honestamente que aunque no sentía el cariño por él que podía haber tenido si las cosas hubieran sido diferentes, le amaba como hija de Dios y le ayudaría en su necesidad.

El verdadero amor de Dios no depende de los sentimientos, sino que está basado en una decisión. Ayudaré a cualquiera que necesite ayuda, a menos que ayudarle al final le perjudique. No tienen que merecerlo; es más, a veces creo que cuanto menos lo merecen, más hermoso e impactante es. Es absolutamente liberador poder amar a la gente sin detenerse a pensar si se lo merecen.

Perdón

Era imposible… simplemente demasiado pedir. ¿Cómo podía Bill Ebarb perdonar al hombre que mató a su hermano a sangre fría? Bill Ebarb y Charles Manuel eran dos desconocidos cuyas vidas se entrelazarían para siempre en un segundo: el momento en que Charles apretó el gatillo y asesinó al hermano de Bill: John. A partir de ese momento, Bill no podía pensar en otra cosa que no fuera la venganza.

El corazón de Bill estaba lleno de rabia y enojo, y estaba convencido de que ningún castigo tenía la capacidad de borrar su pérdida. Tras la muerte de John, no pasaba un sólo día sin que Bill no pensara en el asesino. El intenso odio le estaba comiendo vivo, y esa obsesión pronto le costaría a Bill su trabajo y su matrimonio. Sabía que si seguía por este camino destructivo, pronto le costaría también su propia vida.

Fue entonces cuando Bill experimentó un cambio en su vida que fue incluso más poderoso que el día en que perdió a su hermano. Bill experimentó el perdón de Cristo. Eso fue algo sobrenatural y más allá de cualquier perdón que un humano pudiera manejar. Dios quitó el odio; Él quitó el enojo.

El corazón de Bill fue transformado de forma tan milagrosa que comenzó a pensar en lo imposible. Se dio cuenta de que si el Señor pudo perdonarle a él por todas las cosas que había hecho en su vida, él también debía perdonar a Charles. Y debía decirle a Charles que le había perdonado por asesinar a su hermano. Al principio fue un acto de obediencia, pero después se convirtió en un asunto del corazón, y así, dieciocho años después del día de la muerte de John,

Bill y Charles se sentaron enfrente el uno del otro en una reunión que confirmó lo que Dios ya había hecho en los corazones de ambas vidas. Dios había liberado a estos dos hombres a través del poder del perdón.

Las estadísticas[1] dicen:

- El perdón reduce el estrés. Albergar resentimiento puede causar los mismos efectos —músculos tensos, subida de la presión arterial, aumento del sudor— sobre su cuerpo que una situación de mucho estrés.
- Su corazón se beneficiará si es capaz de perdonar. Un estudio descubrió un vínculo entre el perdón y la mejora en el corazón y la presión sanguínea.
- Un estudio reciente descubrió que las mujeres que llegan a perdonar a sus esposos y son tiernas con ellos resuelven los conflictos con más eficacia.

El amor humano depende de los sentimientos. Amamos a las personas porque han sido buenas con nosotros, nos han ayudado o nos amaron ellos primero; nos hacen sentir bien con nosotros mismos, o nos facilitan la vida, así que decimos que les amamos; o les amamos porque queremos que nos amen. Pero este tipo de amor está basado en lo que ellos hacen, y si dejan de hacerlo probablemente dejaremos de amarles. Ese tipo de amor viene y se va, ahora está caliente y luego se enfría. Ese es el tipo de amor que experimentamos en el mundo. Muchos matrimonios y otras relaciones personales están basados en ese tipo de amor. Amamos los helados porque saben bien, y amamos a la gente porque nos dan buenos regalos en Navidad.

El amor de Dios es totalmente diferente, y no está basado en nada excepto en Dios mismo; y cuando recibimos a Cristo como nuestro Salvador, el amor de Dios es derramado en nuestros corazones por el Espíritu Santo (ver Romanos 5:5). Cuando nos convertimos en socios de Dios, Él espera que seamos sus representantes en la tierra y nos equipa con el amor que necesitamos para hacer el trabajo que nos pide hacer. Cuando el amor humano se acaba, lo cual sucede a menudo, el amor de Dios sigue disponible para terminar lo que haya que hacer.

Yo no amaba a mi padre como lo haría una niña porque nunca fue un padre para mí, pero tenía el amor de Dios en mí, y pude decidir totalmente aparte de los sentimientos que le iba a tratar bien en su vejez y ser misericordiosa con él. De hecho, sentí compasión por él porque desperdició toda su vida y tenía unos recuerdos llenos de lamentos.

A menudo oímos historias sorprendentes de perdón. Oí de un adolescente que estaba bebiendo y causó un accidente en el que murió la esposa y el niño de alguien. Este hombre sabía que Dios quería que perdonara al joven que causó el accidente, y con mucha oración fue capaz de dejar que el amor de Dios fluyera a través de él. ¡Ese hombre fue un revolucionario del amor!

Debemos aprender a ver lo que las personas se hacen a sí mismas en vez de lo que nos han hecho a nosotros. Normalmente, cuando otra persona nos hace daño, probablemente se hace a sí misma el mismo daño y probablemente esté sufriendo secuelas como resultado. Eso es precisamente lo que Jesús hizo cuando dijo: "Padre, perdónalos, porque no saben lo que hacen" (Lucas 23:34).

El amor que es como el de Dios no se puede entender con la mente; es una cuestión del corazón. Parecía bastante irrazonable que Dios me pidiera cuidar de mi padre; pero el amor es bastante difícil de razonar, ¿no es cierto? No hay razón para que Dios nos ame mientras estamos pecando y le estamos ignorando totalmente, pero lo hace.

La misericordia triunfa sobre el juicio

Es fácil juzgar una persona o situación y darle sólo lo que se merece, pero la misericordia es mayor que eso. Es algo glorioso el que alguien pase por alto una ofensa. Para ayudar a la gente de los países en desarrollo, no puedo mirar el hecho de que muchos de ellos adoren ídolos, o animales, o el sol, o incluso a demonios. Fácilmente podría decir: "No me extraña que se estén muriendo de hambre, pues le han dado la espalda a Dios"; pero quizá yo estaría en su misma situación si hubiera nacido allí. Debemos recordarnos a nosotros mismos: "Si no fuera por la gracia de Dios en mi vida, ese podría ser yo".

Es fácil para algunas personas religiosas mirar a un homosexual que tiene SIDA y pensar: *Se lo merece*. ¿Pero es así como Dios mira al hombre? ¿O Dios mira el verdadero "por qué" que hay detrás del "qué"? Dios quiere alcanzar al hombre con redención mientras el hombre viva, y quizá Él quiera usarnos a usted y a mí para hacerlo. Eso no significa que tengamos que aceptar los pecados de los demás, pero deberíamos aceptar a la *gente* y ayudarlos en su necesidad, proveyendo medicinas, cobijo, o palabras amables que les permitan encontrar esperanza en Dios.

La misericordia y la compasión son dos de las cualidades más hermosas del amor, y de hecho no hay un amor verdadero sin ellas. Como yo fui forzada a ganarme todo lo que tuve durante mis primeros treinta años de vida, para mí era muy difícil darle a la gente algo que me había costado tanto conseguir cuando parecía que ellos no hacían nada por ayudarse a sí mismos. Aprender la diferencia entre mi amor humano y el amor de Dios que había sido depositado dentro de mí me llevó un tiempo. La misericordia no se puede ganar o merecer. Pablo escribió a los colosenses y les dijo que se "vistieran de amor" (ver Colosenses 3:14). Me encanta la frase "vestirse", que significa hacer algo a propósito, sin depender de los sentimientos o de la razón. He aprendido lecciones increíbles de la vida de esta sencillísima frase.

Mientras escribo esto, es la mitad de la tarde, y todavía estoy sentada escribiendo con mi pijama puesto. Dave me acaba de llamar y quiere venir a recogerme para ir a ver una muestra de autos Mustang. Le puedo asegurar que ir a la muestra de autos será un acto de amor. No me apetece vestirme y prepararme, preferiría disfrutar de toda esta situación del pijama, pero lo haré. De la misma manera, todos afrontaremos numerosas oportunidades de escoger vestirnos de amor incondicional.

A menos que aprendamos a vivir por encima de nuestros sentimientos, nunca seremos capaces de amar a la gente con el amor de Dios o ayudar a los necesitados del mundo. ¿Está preparado para vestirse de misericordia? ¿Está listo para vestirse de amor? Si tiene que luchar contra algunos sentimientos que pudieran impedirle hacer lo correcto, pregúntese: "¿Qué haría Jesús en esta situación?". Sé, sin ninguna duda, que si Dave se hubiera rendido conmigo, yo no sería la persona que soy hoy. Él escuchó a su corazón, no a sus emociones, y eso es lo que le estoy animando a usted a hacer.

El amor no se aleja

Amar a la gente no significa dejar que se aprovechen de nosotros. No significa darles una entrada gratis en la vida mientras
ellos no hacen nada. La Biblia dice que Dios corrige y disciplina
a todo aquel que ama (ver Hebreos 12:6). La corrección no es un
castigo, sino entrenamiento en el comportamiento adecuado. A
veces ese entrenamiento requiere retener las bendiciones, pero
Dios siempre suplirá nuestras necesidades básicas cuando cla-
mamos a Él. La Biblia dice que podemos encontrar obstáculos
de todo tipo, y si necesitamos sabiduría podemos pedirla al
Dios que da a todos generosamente y Él nos ayudará sin reproche o crítica alguna (ver Santiago 1:1-5). ¡Ese es un hermoso
pensamiento!

Puede que no le compre un auto nuevo a un drogadicto porque sé que probablemente lo venderá para comprar drogas, pero
puedo darle de comer, darle un lugar donde darse una ducha y
darle la esperanza de una nueva vida. Puedo decirle que Dios
le ama y quiere ayudarle, y puedo refrenarme para no juzgarle,
porque si le juzgo no seré capaz de amarle.

A menudo, cuando las personas nos hacen daño o nos resulta
difícil llevarnos bien con ellas, sólo queremos que desaparezcan
de nuestra vida, ¿pero qué ocurre si Dios quiere que en lugar de
eso desarrollemos una amistad con ellos? Es mucho más fácil
simplemente alejarnos o sacar a la gente difícil de nuestra vida,
pero eso no es siempre lo que Dios quiere. Debemos aprender
cómo es el verdadero amor en cada situación, y aplicarlo sin
caer en los sentimientos o la falta de ellos.

Una de las preguntas que me hacen frecuentemente es:

"¿Cuánto tiempo debería quedarme con esa persona?". Esa es una pregunta que sólo su corazón puede responder. Dios es el único que entiende toda la situación de ambas partes, y Él le guiará en sus decisiones si realmente quiere hacer la voluntad de Él en vez de la suya propia. Tan sólo recuerde: unirse a la Revolución de Amor significa estar preparado y dispuesto a amar a otros incluso cuando parece imposible.

Cuando hablo del amor incondicional con la gente, otra pregunta que siempre aparece es: "¿Se supone que debo seguir dando independientemente de lo que la gente haga?". La respuesta a esta pregunta es no. Supongamos que alguien de la familia ha tenido un problema con las drogas y el alcohol durante la mayoría de su vida adulta, y además es muy irresponsable. La familia emplea un tiempo, dinero y esfuerzo tremendos para ayudarle, pero al final siempre vuelve a sus viejos hábitos y estilo de vida. Este es el tipo de situaciones donde el enemigo usa la debilidad de este miembro de la familia para distraer y robar la fuerza a los que le aman y han intentado ayudarle. A veces tenemos que afrontar el hecho de que, independientemente de cuánto queramos ayudar a alguien, nunca funciona a menos que realmente la persona quiera que le ayuden. De hecho, muy a menudo, tras años de intentar ayudar continuamente, por lo general con un gran sacrificio personal, la familia tiene que rehusar seguir ayudando. Esta no es una decisión que se pueda tomar a la ligera o fácilmente, pero a menudo se tiene que hacer.

A veces, como cristianos, se nos acusa de no practicar verdaderamente el amor de Cristo cuando surge una situación como esta. Oímos cosas como: "¿Cómo puedes decir que amas a la gente cuando ni siquiera ayudas a tu propia familia?". Aunque es difícil, lo mejor que podemos hacer es permanecer firmes y decir: "Si realmente quieres alguna vez hacer frente a tu situación y buscar ayuda, dínoslo", pero también sé que no podemos seguir colaborando para que continúe con un estilo de vida destructivo

No debemos dejar que un ser querido que pase hambre o esté enfermo carezca de ayuda, pero tampoco debemos permitirle que robe nuestra paz o simplemente nos use. Amar a la gente no significa hacer por ellos lo que ellos mismos deberían hacer.

La misericordia ayuda a los que no merecen la ayuda, pero el amor incondicional no es para permitir que la gente siga siendo irresponsable mientras nosotros pagamos la factura. La misericordia da muchas oportunidades, y el amor incondicional nunca se rinde, sino que ora y está listo para salir de la sombra y ayudar cuando hacerlo realmente marcará la diferencia.

Dios quiere que su amor fluya a través de nosotros y llegue a otros. Tenemos que aprender a amarnos de una manera equilibrada, porque debemos amarnos o no tendremos amor para repartir. Tenemos que recibir el amor de Dios y dejar que nos sane. Recuerde que no podemos dar lo que no tenemos, ¡pero no podemos detenernos ahí! Dios nos sana para que podamos sanar a otros. Dios quiere que hagamos una transición de ser personas que han sido rescatadas, a personas que rescatan a otros. El amor humano siempre termina, pero gracias a Dios que su amor no termina. ¡Dios nos promete que su amor nunca falla!

El amor no guarda rencor

El amor no se deleita en la maldad sino que se regocija
con la verdad. Todo lo disculpa, todo lo cree, todo lo
espera, todo lo soporta.

1 Corintios 13:6-7

¿Es usted un buen contable? ¿Lleva un registro detallado y preciso de los errores que han cometido contra usted? Durante muchos años, cada vez que Dave y yo teníamos un pleito, buscaba en mis archivos mentales y comenzaba a sacar todas las demás cosas que él había hecho que yo pensaba que estaba mal. Le recordaba los errores del pasado, y él se sorprendía de que todavía recordara muchos de ellos porque ya eran muy viejos. Recuerdo una ocasión en la que dijo: "¿Dónde almacenas todas esas cosas?". Mientras yo me aferraba a las cosas durante años, Dave rápidamente perdonaba y olvidaba.

Dios quiere más que cualquier otra cosa que nos amemos unos a otros, pero eso es imposible sin perdonar totalmente. No podemos amar genuinamente a aquellos con los que nos enojamos o a los que guardamos rencor. Pablo escribió a los corintios y dijo: "El amor [el amor de Dios en nosotros] no se comporta con rudeza, no es egoísta, no se enoja fácilmente, no guarda rencor [no presta atención al daño que le hayan hecho]" (1 Corintios 13:5).

Crea lo mejor

Si queremos amar a la gente, debemos dejar que Dios transforme la manera en que pensamos sobre la gente y las cosas que hacen. Podemos creer lo peor y sospechar de todo lo que otros hacen y dicen, pero el verdadero amor siempre cree lo mejor. Lo que pensamos y creemos es una decisión. La raíz de muchos de nuestros problemas en la vida es que no controlamos o disciplinamos nuestros pensamientos. Al decidir no disciplinar nuestros pensamientos, automáticamente decidimos creer lo peor de alguien o ser suspicaces.

El profeta Jeremías le preguntó esto a la gente: "¿Hasta cuándo hallarán lugar en ti los pensamientos perversos?" (Jeremías 4:14). Los pensamientos que decidieron pensar eran ofensivos para Dios.

Cuando decidimos creer lo mejor, somos capaces de soltar todo lo que podría ser dañino para unas buenas relaciones. Yo me he ahorrado muchas energías que hubieran sido usadas por el enojo simplemente diciéndome: "Aunque lo que dijeron o hicieron me dolió, decido creer que no fue algo intencionado". Sigo hablándome hasta que mis sentimientos de enojo comienzan a disiparse. Digo cosas como: "No creo que realmente entendieran cómo sus reacciones me afectaron. No creo que intentaran herirme a propósito, sino que tan sólo no entienden cómo suena cuando dicen eso. Quizá no se sienten bien físicamente hoy o quizá tienen un problema personal que les está haciendo ser insensibles a cómo se están comportando".

Sé por experiencia propia que guardar archivos mentales de las ofensas envenena nuestras vidas y realmente no cambia a la otra persona. Muchas veces desperdiciamos un día estando enojados con alguien que ni siquiera se da cuenta de que hizo algo que nos molestó. La persona está feliz y disfrutando de su día y nosotros estamos malgastando el nuestro.

Si vamos a guardar archivos, ¿por qué no archivamos las cosas buenas que dice o hace la gente en vez de los errores que comenten?

Ejemplos de guardar archivos negativos:

Dave ve los deportes todo el tiempo, y sabe que a mí no me gustan.

Dave me corrige detalles cuando estoy intentando contarle una historia.

Cuando necesito que alguien me entienda, Dave intenta darme consejos.

En cuarenta y dos años de matrimonio, puedo contar con los dedos de una mano cuántas veces Dave me ha enviado flores.

Dave planeó ir a jugar al golf con sus amigos y ni siquiera me preguntó lo que yo iba a hacer o si tenía algún otro plan.

Ejemplos de guardar archivos positivos:

Dave siempre está dispuesto a perdonarme rápidamente cuando me porto mal con él.

Dave me da libertad total para ser yo misma.

Dave recoge sus cosas. No es una persona que deje todo tirado y que otra gente lo tenga que recoger.

Dave todos los días me dice que me ama, y a menudo varias veces al día.

Dave me dice piropos por mi ropa y mi aspecto.

Dave me compra todo lo que quiero si nos lo podemos permitir.

Dave siempre está dispuesto a llevarme donde quiero ir.

Dave es muy estable en su temperamento. Raras veces refunfuña.

Dave me protege mucho. Me siento segura cuando estoy con él.

Es fácil ver que la lista positiva es más larga que la negativa, e imagino que será así con la mayoría de la gente si se tomaran el tiempo de escribir las cosas buenas. Deberíamos buscar y celebrar lo bueno en el mundo y en la gente, porque vencemos con el bien el mal. Pensar y hablar de lo bueno en la gente hará que apenas notemos las cosas que antes nos molestaban.

No entristezca al Espíritu Santo

Podemos hacer que el Espíritu Santo se sienta triste por nuestro enojo, mal genio, falta de perdón, amargura, riñas y contenciones. La Biblia nos insta a expulsar todo rencor y bajeza de cualquier tipo. Me entristece pensar que yo pudiera entristecer al Espíritu Santo de Dios. Cuando me acuerdo de la facilidad con que antes me enojaba, sé que le entristecí, y no quiero volver a hacerlo de nuevo. La única manera de evitarlo es siendo agresiva en dejar ir los malos sentimientos hacia otras personas tan pronto como surjan. Tenemos que ser útiles, serviciales y amables unos con otros, perdonándonos unos a otros rápida y libremente como Dios nos perdonó en Cristo (ver Efesios 4:30-32).

Nuestro enojo hace que el Espíritu Santo se entristezca no sólo porque Dios quiere que nos amemos unos a otros, sino también porque sabe el efecto tan negativo que tiene sobre nosotros, y quiere que disfrutemos de una vida de libertad. Deberíamos ser imitadores de Dios y seguir su ejemplo. Él es lento para la ira, tiene mucha misericordia y es rápido para perdonar. Nuestro enojo no promueve la justicia en la que Dios nos llama a vivir.

Igual que el amor genuino no tiene nada que ver con cómo nos sentimos, el perdón genuino tampoco. Los dos están basados en una decisión que tomamos, no en un sentimiento que tenemos. He aprendido que si decido perdonar, mis sentimientos tienden a alinearse con mi decisión. Perdonar a otros me capacita para hablar con ellos en vez de cerrarlos a mi vida. Eso me permite orar por ellos y declarar bendición sobre ellos en lugar de cosas malas y negativas. Ponemos demasiada atención a nuestros sentimientos. En cambio, deberíamos recordar que nuestros sentimientos son inconstantes y bastante cambiantes. Lo que no cambia es el amor.

Háganse concesiones

Si realmente nos amamos unos a otros, debemos soportarnos unos a otros y hacernos concesiones unos a otros (ver Efesios 4:1-2). Hacer concesiones no significa excusar los errores o el mal comportamiento de la gente; si está mal está mal, y fingir o ignorarlo no ayuda, pero hacerse concesiones unos a otros significa permitirnos unos a otros no ser del todo perfectos. Enviamos mensajes con nuestras palabras y actitudes que dicen: "No te rechazaré por lo que hiciste; no me olvidaré de ti. Pasaremos por esto juntos y creeré en ti".

Les he dicho a mis hijos que aunque no siempre vaya a estar de acuerdo con todo lo que hacen, siempre intentaré comprenderles y nunca dejaré de amarles. Quiero que sepan que pueden contar con que yo seré una constante en sus vidas.

Dios lo sabe todo sobre nuestras faltas, y aún así decide escogernos. Él sabe los errores que cometeremos incluso antes de que los hagamos, y su disposición hacia nosotros es: "¡Te voy a permitir que seas imperfecto!". Él promete no dejarnos ni abandonarnos nunca (ver Hebreos 13:5).

Dave me permite ser yo aunque todo sobre mí sea menos que perfecto. Nunca me presiona a "¡cambiar o si no…!". Nunca temo que me vaya a rechazar por ser una esposa imperfecta. Hay cosas sobre cada persona en nuestra familia y otras relaciones cercanas que desearíamos que fueran diferentes, pero cuando realmente amamos a alguien aceptamos todo lo que trae: lo bueno y lo no tan bueno. La verdad es que no hay ninguna persona perfecta, y si esperamos la perfección, siempre nos estaremos preparando para la decepción e incluso la amargura. Hacernos concesiones unos a otros hace que la vida sea mucho más fácil, e incluso, más importante aún, demuestra nuestra obediencia a Dios.

Cuando la gente hace algo que usted no entiende, en lugar de intentar solucionarlo solo, dígase a usted mismo: "Son humanos". Jesús conocía la naturaleza de los seres humanos y, por tanto, no le sorprendió cuando hicieron cosas que Él hubiera deseado que no hubieran hecho. Él siguió amando a Pedro aunque Pedro negó conocerle. Siguió amando a sus discípulos incluso cuando fueron incapaces de estar despiertos para orar con Él en su momento de agonía y sufrimiento. Lo que la gente hace no hará que dejemos de amarles si nos damos cuenta con antelación de que no van a ser perfectos y nos preparamos para hacer concesiones por esa tendencia humana que todos tenemos.

No sólo deberíamos no guardar archivos de lo que otros hacen mal, sino que tampoco deberíamos archivar lo que creemos que nosotros hacemos bien. Tener un concepto más alto de nosotros mismos es lo que nos hace ser impacientes y no mostrar misericordia con otras personas. El apóstol Mateo dijo que cuando hacemos una buena obra, no deberíamos dejar que nuestra mano derecha supiera lo que hace nuestra mano izquierda (ver Mateo 6:3). Para mí, esto significa que no debería meditar en cuáles creo que son mis buenas obras o mis buenas cualidades. Tan sólo tengo que concentrarme en mostrar amor a todos los que conozco. ¡Ese es el enfoque primordial de un Revolucionario del Amor!

El amor cubre el pecado

El apóstol Pedro dijo que, por encima de todo, deberíamos tener un amor intenso e infalible los unos por los otros, porque el amor cubre multitud de pecados (ver 1 Pedro 4:8). El amor no sólo cubre un error, sino multitud de errores. El amor de Dios por nosotros no sólo cubrió nuestros pecados, sino que pagó el precio para quitarlos completamente. El amor es un agente de limpieza muy poderoso. Quiero que se dé cuenta de que Pedro dijo que hiciéramos esto —amar— por encima de todas las cosas.

Pablo le dio el mismo mensaje a los colosenses, instándoles a vestirse de amor por encima de todo (ver Colosenses 3:14).

Una y otra vez en la Biblia, vemos el recordatorio constante de amarnos unos a otros y no dejar que nada nos impida hacerlo.

Cuando Pedro preguntó a Jesús cuántas veces debía perdonar a un hermano por la misma ofensa, Jesús le dijo que siguiera haciéndolo todas las veces que fuera necesario (ver Mateo 18:21-22). Pedro sugirió siete veces, y a menudo me pregunto si ya llevaba seis y pensaba que sólo tendría que perdonar una más. Si vamos a unirnos a la Revolución de Amor, debemos entender que necesitaremos mucho perdón. De hecho, probablemente será parte de nuestra experiencia diaria. Algunas de las cosas que necesitamos perdonar puede que sean cosas pequeñas y fáciles, pero a veces vendrá esa gran cosa y tendremos que preguntarnos si podremos hacerlo. Tan sólo recuerde que Dios nunca nos pide que hagamos algo sin que nos dé la capacidad de hacerlo. Podemos perdonar a cualquiera por cualquier cosa si dejamos que el amor de Dios fluya a través de nosotros.

Cuando cubrimos las faltas de las personas somos bendecidos, y cuando las revelamos somos maldecidos. Parte de cubrir las faltas de otro es mantenerlo en privado. No se apresure a decirles a otros lo que sabe sobre las faltas de otra persona. Guarde los secretos de otros como le gustaría que otros guardaran los suyos. Vemos un relato en la Biblia de una vez en que Noé se emborrachó y se quedó desnudo en su tienda. Uno de sus hijos expuso su desnudez contándoselo a los otros dos hermanos, y recibió una maldición en su vida desde ese día. Los dos hijos a los que les contaron el incidente caminaron de espaldas en el interior de la tienda para no ver la desnudez de su padre, y le cubrieron. La Biblia nos dice que fueron bendecidos (ver Génesis 9:20-27). La desnudez de Noé se refiere a su error en el juicio, su error, su pecado. Como esta historia demuestra de forma tan clara, tenemos que cubrirnos unos a otros, no exponer las faltas de los demás.

Jesús dejó instrucciones sobre qué hacer cuando un hermano peque contra usted (ver Mateo 18:15-17). Dijo que lo primero que hemos de hacer es ir con él en privado y hablar con él al respecto. Si eso no funciona, lleve a dos o tres personas con usted esperando que recapacite y se arrepienta. Si seguimos estas sencillas instrucciones, evitaremos gran parte de los problemas. No podría contarle cuántas veces la gente acude a mí para resolver cosas que deberían estar tratando en privado, cosas que deberían quedar entre ellos y la persona que sienten que les ha ofendido. No tenga temor de confrontar a alguien si realmente siente que debe hacerlo. A veces la forma más rápida de perdonar es sacar el asunto a la luz y discutirlo. Las ofensas ocultas son como infecciones sin tratar, que en silencio van empeorando hasta que infectan toda una zona y nos enfermamos. Tenemos que limpiar la herida inmediatamente, antes de que sea demasiado tarde.

La Biblia relata la historia de un hombre llamado José que fue vendido a la esclavitud por sus hermanos. Cuando los hermanos de José descubrieron años después que seguía vivo y estaba a cargo de los alimentos que ellos necesitaban de forma desesperada, tuvieron miedo. Se acordaron de lo mal que habían tratado a José, y él también, pero decidió no revelárselo a nadie. Él habló en privado con ellos y simplemente les dijo que él no era Dios, y que la venganza sólo le correspondía a Dios, y no a él, así que libremente les perdonó, les animó a no tener miedo y procedió a proveer para ellos y sus familias. No es de extrañar que José fuera un líder poderoso que encontraba favor dondequiera que iba. ¡Él conocía el poder del amor y la importancia del perdón total!

Borre todos sus archivos

¿Por qué no saca todas las cuentas caducadas que tiene archiva-
das de cualquiera y escribe encima: "Pagado"? ¡Dichoso aquel
cuyo pecado el Señor no tomará en cuenta!" (Romanos 4:8).
Eso no significa que Dios no vea el pecado, sino que debido a su
amor, no arremete contra el pecador. El amor puede reconocer
que se ha cometido un error y borrarlo antes de que se aloje
en el corazón. El amor no registra los errores, de este modo el
resentimiento no tiene la oportunidad de crecer.

Algunos de nosotros nos preocupamos por nuestra memoria, pero a decir verdad probablemente tenemos que mejorar
olvidando ciertas cosas. Creo que a menudo olvidamos lo que
deberíamos recordar y recordamos lo que deberíamos olvidar.
Quizá una de las cosas más parecidas a la forma de ser de Dios
que podamos hacer en la vida es perdonar y olvidar. Algunos
pueden decir: "Yo les perdonaré, pero nunca lo olvidaré". La
realidad de esta frase es que, si nos aferramos al recuerdo, realmente no estamos olvidando. Se preguntará cómo es posible
que olvidemos cosas que nos han herido, y la respuesta es que
debemos *decidir* no pensar en ello. Cuando esas cosas vengan a
nuestra mente, debemos echar fuera los pensamientos y decidir
pensar en cosas que nos beneficien.

Limpiar todos sus registros producirá buenos resultados.
Aliviará la presión y mejorará la calidad de su vida. La intimidad entre usted y Dios será restaurada, y su gozo y paz aumen-
tarán. Su salud incluso puede que mejore, porque una mente
y un corazón calmados y tranquilos son la vida y la salud del
cuerpo (ver Proverbios 14:30). El resentimiento levanta muros.
¡El amor construye puentes!

CAPÍTULO
14

Maneras prácticas de mostrar amor

Predica el evangelio en todo momento,
y cuando sea necesario usa las palabras.

San Francisco de Asís

Este libro no serviría para nada si no ofreciera formas prácticas en las que poder mostrar amor inmediatamente. Como he dicho anteriormente, el amor no es teoría o meras palabras, sino acción. Como Revolucionarios del Amor, deberíamos estar buscando constantemente maneras más nuevas y mejores para llevar amor a este mundo.

Permítame recordarle que no importa lo que tengamos o hagamos, si no tenemos amor, no tenemos nada y no somos nada (ver 1 Corintios 13:1-3). Es imperativo para el futuro de la sociedad que empecemos a mostrar amor de manera agresiva. La gente hoy día está desesperada por saber si Dios existe o no, cuál es el propósito de estar aquí y por qué el mundo está tan lleno de maldad si Dios realmente existe. Creo que si ellos pueden ver el amor en acción, eso será la respuesta a sus preguntas. Dios es amor y existe, y una de las principales formas en que se revela a sí

> No importa lo que tengamos o hagamos, si no tenemos amor, no tenemos nada y no somos nada.

mismo es a través de su pueblo. El mundo tiene que ver las cualidades del amor en la práctica. Necesitan ver paciencia, amabilidad, desinterés y disponibilidad a perdonar; necesitan ver a gente sacrificándose para ayudar a otros que son menos afortunados. Ser tocados por el amor es como acurrucarse delante de un fuego bajo una manta calentita y mullida. Es un sentimiento como ningún otro, ¡y podemos dar ese regalo a otros!

Sea paciente

La primera cualidad del amor enumerada en el discurso de Pablo en 1 Corintios 13 en la Biblia es la paciencia. Pablo escribe que el amor todo lo soporta y es paciente. El amor es sufrido, y permanece firme y constante cuando las cosas no van como usted desearía.

He estado practicando ser paciente con empleadas que son lentas, que no pueden encontrar los precios de los artículos, que se quedan sin papel en la registradora o que se demoran en el teléfono intentando calmar a un cliente enojado mientras yo estoy ahí de pie, esperando que me atiendan. Han sido ya varias dependientas de tiendas que me han dado las gracias por ser paciente. Estoy segura de que reciben mucho abuso de clientas frustradas, impacientes y nada cariñosas, y he decidido no seguir añadiendo a este problema, porque quiero ser parte de la solución. Claro, todas tenemos prisa y queremos que nos atiendan rápido, pero como el amor no busca lo suyo propio debemos aprender a poner cómo se sienten las empleadas antes de cómo nos sentimos nosotras. Recientemente, una dependienta se disculpó por ser muy lenta, y le dije que nada de lo que estaba haciendo yo era tan importante que no pudiera esperar. La vi visiblemente relajada y me di cuenta de que acababa de mostrarle amor.

En la Biblia se nos anima a ser muy pacientes con todos, vigilando siempre nuestro temperamento (ver 1 Tesalonicenses 5:14). Eso no es bueno sólo para nuestro testimonio a otras personas, sino que también es bueno para nosotros. Cuanto más pacientes seamos, ¡menos estrés tendremos! Pedro dijo que el Señor es extraordinariamente paciente con nosotros porque su deseo es que nadie perezca (vea 2 Pedro 3:9). Por esta misma razón, nosotros deberíamos ser pacientes unos con otros y especialmente con aquellos en el mundo que están buscando a Dios.

Pablo le dijo a Timoteo que los siervos del Señor deben estar preparados y ser capaces de enseñar, tener buen temperamento, estar dispuesto a soportar la ofensa y ser amables y pacientes con todos (ver 2 Timoteo 2:24). Enseñamos a la gente todos los días a través de nuestras acciones. La enseñanza no sólo se hace con las palabras; la acción a menudo es más eficaz. Todos tenemos influencia, y deberíamos tener cuidado de cómo la usamos. No le hace ningún bien ni a mi reputación ni a la de Cristo llevar puesto mi colgante de diamante de imitación de Jesús y luego ser impaciente y poco cariñosa con una dependienta. Para ser honesta, ya he visto suficiente de eso en los pasados veinte años, y estoy harta.

No deberíamos llevar símbolos de nuestra fe cristiana si no

estamos preparados para vivir a la altura de lo requerido. La prueba de mi relación con Dios no es mi pegatina, o mi joyería cristiana, o mi registro de asistencia a la iglesia. No es cuántos versículos he memorizado o lo grande que sea mi colección cristiana de libros, DVDs y CDs. La prueba de mi cristianismo se revela en el fruto del Amor Revolucionario.

Le insto a orar regularmente para que pueda soportar cualquier cosa que le ocurra con un buen humor. Créame, vendrán cosas con el potencial de enojarle, pero si está preparado con antelación, podrá permanecer tranquilo mientras les hace frente. Mostrar estabilidad en nuestro carácter y nuestro temperamento es muy importante. Demasiadas personas en el mundo son explosivas cuando las cosas no van como ellas desean. Creo sinceramente que una de las formas en que podemos tener un impacto es siendo pacientes cuando las cosas van mal.

Hace unas semanas prediqué sobre la paciencia y ser agradecidos a pesar de las circunstancias. He realizado tres grandes conferencias en seis semanas además de cumplir con otros compromisos, y esa sesión del sábado por la mañana era la última de una cadena de compromisos. Realmente deseaba llegar a casa pronto ese día, comer una buena comida, que Dave me llevara de compras un ratito, darme un baño caliente en casa, comer helado y ver una buena película. Como puede ver, estaba preparada para recompensarme por mi duro trabajo, ¡y tenía un buen plan para mí misma!

Subimos al avión de vuelta a casa, y el vuelo estaba previsto que durase sólo treinta y cinco minutos. Estaba emocionada… y entonces algo falló. La puerta del avión no cerraba bien, así que estuvimos sentados casi más de una hora y media mientras trabajaban para arreglar la puerta. Se oía que no

234 LA REVOLUCIÓN DE AMOR

podríamos volar ese día y que quizá tendríamos que rentar autos para llegar de regreso a casa. No sé cómo decirle lo difícil que fue para mí ser paciente. Sólo conseguir mantener la boca cerrada fue un gran acontecimiento. Había predicado sobre la paciencia, pero se me había olvidado orar que si yo era probada, pudiera pasar la prueba.

¿Alguna vez ha experimentado oír un gran sermón que realmente necesitaba y recibir una prueba en esa área inmediatamente? Bueno, debería intentar predicar ¡y ver lo rápido que es probado! Reconozco que no siempre sentimos paciencia, pero podemos disciplinarnos para ser pacientes. A veces no puedo hacer nada sobre cómo me siento, pero puedo controlar cómo me comporto, y usted también puede. Le aseguro que no sentía la paciencia sentada en esa pista de aterrizaje, pero seguí orando: *Oh Dios, por favor ayúdame a estar calmada para no dar un mal testimonio de lo que acabo de predicar.* Dios me ayudó, y aunque las cosas no siempre salen como queremos en esas situaciones, en ese caso terminamos llegando a casa con bastante tiempo para poder hacer todas las cosas que yo había planeado.

Cuando se vea en una situación difícil, haga el esfuerzo de aferrarse a su paz y verá a Dios obrar a su favor. Cuando los israelitas estaban entre el mar Rojo y el ejército egipcio, Moisés dijo: "Ustedes quédense quietos, que el SEÑOR presentará batalla por ustedes" (Éxodo 14:14).

Dé tiempo

El tiempo es el bien más valioso que la mayoría de nosotros tenemos. Cuando le pedimos a la gente que nos dé su tiempo, deberíamos darnos cuenta de que les estamos pidiendo algo valioso, y deberíamos apreciarlo mucho cuando lo consigamos. La gente frecuentemente me pide mi tiempo, y desgraciadamente no puedo dárselo a todos. Si lo intentara, no sólo terminaría quemada sino que no tendría tiempo para terminar lo que Dios me ha pedido que haga durante mi vida en la tierra.

No podemos decir sí a todos, pero tampoco deberíamos decir no a todos. Yo le recomiendo encarecidamente que dé algo de su tiempo, porque es una manera de demostrar amor. Recientemente hablé en una iglesia en Tennessee como un favor a un amigo, y mientras estaba allí sentí que el Señor me daba un codazo para que devolviera la ofrenda que recogieron para mí esa noche para ayudar a los pobres de su ciudad. Enseguida entendí que Dios quería que diera mi tiempo y dinero libremente, que no quería que me quedara con nada salvo el gozo de dar, que era más que suficiente. Me doy cuenta de que Dios me prueba de esta manera un par de veces al año, y estoy contenta de que lo haga porque no quiero adoptar el hábito de pensar que necesito sacar algo de todo lo que hago por otros.

Confieso que es más difícil para mí dar mi tiempo que dar mi dinero u otras posesiones. En este momento, ya he vivido al menos dos tercios de mi vida, y me doy cuenta de que lo que me queda lo tengo que vivir con propósito y enfoque. Por necesidad, veo que tengo que decir no con más frecuencia; sin embargo, digo sí cuando puedo porque sé que mi tiempo es un regalo de amor valioso.

Cuando alguien le ayuda con una mudanza, le está dando el valioso regalo del tiempo. Cuando alguien le da toda su atención, le está honrando y mostrando su amor. Cada vez que preguntamos a alguien: "¿Podrías hacer algo por mí?", estamos pidiendo lo más valioso que una persona tiene, porque le estamos pidiendo un bloque de su tiempo.

Piense en su tiempo. Asegúrese de dedicar bastante a desarrollar una relación íntima con Dios, y asegúrese de dar algo a su pueblo como una demostración del amor de Él. Tommy Barnett, pastor principal de la iglesia Phoenix First Assembly of God, una de las iglesias con el crecimiento más rápido de Norteamérica, dijo: "La vida es algo que estamos continuamente perdiendo". Por eso deberíamos tomarnos todo lo que hacemos en serio. Cuando la gente dice que no tiene nada que dar, se está olvidando de que, mientras vivamos, tenemos algo que dar: nuestro tiempo.

Como el tiempo es un bien tan valioso, deberíamos darlo de manera sabia e intencionada. No deje que la gente le robe su tiempo, pero tampoco lo malgaste, y nunca diga: "Aquí estoy, pasando el rato". Conozca cuáles son sus prioridades y dedique su tiempo a esas cosas. Dios y la familia deberían estar al principio de su lista. También tiene que dedicar tiempo a cuidar de usted mismo. Necesita trabajar, descansar y jugar para ser una persona equilibrada, y también tiene que dar algo de su tiempo a los demás, ayudando a la gente que le necesita.

Si piensa que no tiene tiempo para hacer todo y además dar a los demás, le animo a que haga lo que Dios le dijo que hiciera a Tommy Barnett. Le dijo que usara sus medias horas de forma sabia. Le mostró que tenía varios espacios de media hora. El pastor Barnett dice que si le dice lo que usted hace con sus medias horas, él puede decirle de qué se trata su vida. ¿Qué está haciendo con el viaje de media hora de ida y regreso del trabajo cada día? ¿Qué hace con la media hora que espera en la sala del médico? ¿Qué hace con la media hora que espera para comer en el restaurante? ¿Tiene tiempo en esas medias horas para mostrar amor a alguien? ¿Podría usar esos minutos para animar a alguien por teléfono o por carta? ¿Podría orar por alguien? ¿Podría orar para saber qué hacer por alguien? Use el tiempo para pensar de manera creativa sobre lo que tiene para dar.

Podría escribir un libro en sus medias horas, podría ganar un alma, podría tomar una decisión importante en media hora; media hora podría marcar la diferencia entre una casa limpia y una sucia. Sus medias horas son importantes, y probablemente tendrá muchas si comienza a buscar. ¿Estoy diciendo que necesita estar haciendo algo cada segundo del día? No, no estoy diciendo eso; de hecho, podría decidir que necesita tomarse media hora para descansar, y si lo hace está bien, pero al menos la habrá usado con un propósito en lugar de malgastarla no haciendo nada.

Recuerde que cada día que pasa es uno que no volverá nunca. Inviértalo, no lo malgaste.

Ame con sus pensamientos, palabras y posesiones

El poder de los pensamientos. Una mujer compartió esta historia para mostrar el poder de los pensamientos:

Durante las Navidades subí una higuera al dormitorio del piso de arriba para dejar espacio para el árbol de Navidad. Tenía una ramita por debajo del resto de las ramas que tenía como una docena de hojas. No se veía bien, y estropeaba la forma del árbol.

Cuando me despertaba por la mañana, veía ese árbol en la ventana y pensaba: *Voy a cortar esa rama*. Cada vez que pasaba junto al árbol pensaba: *Esa rama no queda bien, tengo que deshacerme de ella*.

Pasó el tiempo, y el árbol regresó al salón, y yo seguía pensando cosas negativas cada vez que me daba cuenta. Todo eso duró como un mes y medio.

Una mañana pasaba junto al árbol, y todas las hojas de esa ramita estaban amarillas. No había ninguna otra hoja amarilla en todo el árbol. Sentí como si se me pusiera el vello de punta y se lo conté a mi marido. Él me miró y me dijo: "Me alegro de que pienses cosas *bonitas* de mí".

¡Ese mismo día corté esa rama!

Siempre he tenido una relación difícil con mi suegra. Claro, nunca pensé que yo tuviera algo de culpa, siendo tan dulce y todo eso. Decidí que valía la pena hacer un experimento. Cada vez que pensaba en mi suegra, decidía bendecirla, dejar lo mío, ¡pensar en ella y bendecirla!

Ella me llama muy de tarde en tarde, y no tiene mucho interés en charlar conmigo, pero en cinco días me llamó tres veces, sólo para un ratito, ¡pero fueron llamadas amigables! No me había llamado más de seis veces en todo el año pasado.

Esta señora compró toda mi serie de enseñanzas sobre el poder de los pensamientos y dijo: "Ahora tengo cuidado de lo que pienso de otras personas".

Tenemos innumerables pensamientos sobre otras personas, pero deberíamos hacerlo de manera más responsable. Creo que los pensamientos actúan en la esfera espiritual, y aunque no podemos verlos con nuestros ojos, creo que otras personas pueden sentir nuestros pensamientos. Al igual que la higuera fue afectada negativamente por los pensamientos negativos de la señora, creo que nuestros pensamientos afectan a otras personas.

Lo que pensamos sobre la gente no sólo les afecta a ellos, sino que también afecta a la forma en que les tratamos cuando estamos con ellos. Si pienso en secreto lo mucho que no me gusta alguien y mentalmente veo todas las faltas que creo que tiene, cuando le veo le trato según la imagen que me he formado en mi mente.

Un día estaba de compras con mi hija, que en ese entonces era una adolescente. Tenía muchos granos en su cara ese día y estaba muy mal peinada. Recuerdo que cada vez que la miraba pensaba: *Realmente hoy no tienes muy buen aspecto*. Me di cuenta, según avanzaba el día, de que parecía estar deprimida, así que le pregunté qué le pasaba, y me respondió: "Es que hoy me siento realmente fea". Dios me enseñó una lección ese día sobre el poder de los pensamientos. Podemos ayudar a la gente con pensamientos buenos, cariñosos y positivos, pero podemos herirlos con pensamientos malos, faltos de amor y negativos.

Le animo a tomar una persona un día como un proyecto de oración y practicar pensar cosas buenas de ella a propósito. A lo largo del día tenga algún tiempo donde medite en los puntos fuertes de esa persona, en cada cualidad buena que crea que tiene, cada favor que haya hecho por usted, y cualquier cosa buena que pudiera pensar de su aspecto. Al día siguiente, practique con otra persona, y siga rotando a la gente importante que hay en su vida hasta que se haya formado un hábito de pensar buenas cosas.

Ame a las personas con sus pensamientos, y al hacerlo les edificará y añadirá fuerza a su vida.

El poder de las palabras. Hemos hablado de cómo podemos usar las palabras para edificar, animar y desarrollar a otros, pero quiero tratar este asunto desde el punto de vista de amar a la gente. Todos tenemos la capacidad de usar palabras para demostrar amor a otros. Ayer mismo conocí a una agente inmobiliaria que tenía unos ojos azules preciosos, así que le dije que sus ojos eran muy bonitos. Sé que le hizo sentirse bien consigo misma, y sólo me costó un momento de mi tiempo y un poquito de esfuerzo. Vi a otra agente inmobiliaria que era extraordinariamente atractiva, así que le dije que era muy guapa, y también respondió mostrando su aprecio y su gratitud. Usé mis palabras para edificar a dos personas, y todo ocurrió en el transcurso regular de la actividad de los negocios. Como Revolucionarios del Amor, debemos usar el poder de las palabras a lo largo del día, todos los días, para animar a los que nos rodean.

Mi marido llegó a casa de jugar al golf ayer, y en cinco minutos me dijo que me amaba, que estaba muy guapa y que trabajaba mucho. Yo había estado trabajando en este libro unas siete horas y estaba lista para hacer un descanso, así que sus amables palabras me hicieron sentir valorada y amada. Fuimos a cenar anoche con nuestro hijo y su esposa y su bebé. Le dije a Nicol que era una buena esposa y madre. En ese mismo momento vi a mi hijo susurrándole al oído que la quería. Estas son el tipo de cosas que deberíamos decirnos unos a otros durante el día como una manera de amar e inspirar confianza.

El poder de la vida y la muerte está en la lengua. Este es un pensamiento increíble. Tenemos la autoridad de declarar vida o muerte a otros y a nosotros mismos. Lo que hablamos a otros tiene un efecto sobre nuestras propias vidas. La Biblia dice: "En la lengua hay poder de vida y muerte; quienes la aman comerán de su fruto" (Proverbios 18:21).

Las palabras son recipientes de poder, y pueden transportar tanto poder creativo como destructivo, según decidamos. Escoja sus palabras con cuidado y dígalas con precaución. Llevan mensajes que pueden alterar la vida. Con nuestras palabras edificamos o destruimos la imagen que las personas tienen de sí mismas. Podemos arruinar la reputación de alguien con las palabras, así que tenga cuidado con lo que dice sobre otras personas. No envenene la actitud de una persona hacia otra.

Imaginemos que sus palabras están guardadas en un almacén, y cada mañana usted va allí y lee detenidamente las estanterías, seleccionando las palabras que se llevará con usted ese día cuando salga al mundo. Probablemente conoce a algunas de las personas con las que estará, así que puede seleccionar las palabras de antemano que les vayan a hacer sentir amadas y les darán confianza. Llévese esas palabras con usted para dárselas a las personas que encuentre durante el día, y esté preparado en su corazón para ser una bendición para cada una de ellas amándoles con lo que dice.

Cada día quiero ver a cuánta gente soy capaz de levantar con mis palabras. Ciertamente, en toda mi vida he malgastado muchas palabras al decir cosas vanas y sin provecho que, o bien no hicieron nada o hicieron que alguien se sintiera mal. Lamento todas esas palabras malgastadas, y ahora uso mis palabras para deshacer el daño que hice en el pasado.

La lengua es un músculo pequeño, pero puede encender fuegos destructivos si no tenemos cuidado. El rey David oraba regularmente por las palabras de su boca, diciendo: "Vigilaré mi conducta, me abstendré de pecar con la lengua" (Salmo 39:1). Él oraba que las palabras de su boca y la meditación de su corazón fueran aceptables y agradables a Dios (ver Salmo 19:14). Él conocía claramente el poder de la lengua y entendía que necesitaba la ayuda de Dios para seguir en el camino correcto. Deberíamos seguir el ejemplo de David en esto.

El poder de las posesiones. Todos tenemos posesiones. Algunos tienen más que otros, pero todos tenemos algo que podemos usar como una bendición tangible para otros. Los pensamientos y las palabras son cosas maravillosas, y nos ayudan a mostrar amor, pero las posesiones y los bienes materiales hacen lo mismo, y para algunas personas esto es muy importante.

La Biblia dice que si tenemos dos túnicas, debemos compartir con el que no tiene ninguna, y el mismo principio se aplica a nuestra comida (ver Lucas 3:11). La iglesia primitiva que vemos en el libro de Hechos era una iglesia increíblemente poderosa que crecía diariamente. Todo tipo de señales y prodigios sobrenaturales y milagros eran algo normal entre ellos. El poder de Dios estaba con ellos, y mostraban el amor entre ellos con todo su corazón, mente, fuerzas y posesiones.

> "Todos los creyentes eran de un solo sentir y pensar.
> Nadie consideraba [exclusivamente] suya ninguna de
> sus posesiones, sino que las compartían".
> *Hechos 4:32*

¿Somos propietarios o administradores? Todo lo que tenemos viene de Dios, y en realidad todo le pertenece a Él. Somos meramente administradores de su propiedad. Con demasiada frecuencia nos aferramos con mucha fuerza a las cosas, pero deberíamos destensar la mano para que, si Dios las necesita, no nos resulte difícil soltarlas. Sigamos recordándonos que las posesiones no tienen un valor eterno. Lo que perdura es lo que hacemos por otros. Pablo les dijo a los corintios que sus regalos a los pobres seguirían y perdurarían para siempre en la eternidad (ver 2 Corintios 9:9).

Dios quiere que disfrutemos de nuestras posesiones, pero no quiere que nuestras posesiones nos posean. Quizá una buena pregunta para hacernos regularmente sería: "¿Tengo posesiones o las posesiones me tienen a mí?". ¿Es usted capaz de usar lo que tiene para bendecir a la gente, o le cuesta trabajo soltar las cosas... incluso las cosas que no está usando?

Yo recibo perfumes como regalos frecuentemente, y como recientemente cumplí años, los botes de perfume se agolpaban en mi estantería. Un día sentí la urgencia de bendecir a una amiga que me hizo un favor, y me acordé que le gustaba mucho un tipo de perfume en particular que yo usaba. Claro, tenía un frasco nuevo con loción corporal, y por supuesto era el más caro de mi estantería. Tuve que tener una breve charla conmigo misma, pero en unos minutos pude agarrarlo de la estantería, meterlo en una bolsa de regalo y ponerlo en sus manos. Eso le hizo muy feliz, y lo único que me costó fue una posesión que podía ser sustituida.

Le imploro a que comience a usar sus posesiones para amar a la gente de maneras tangibles. Los regalos son una manera maravillosa de mostrar amor. Por ejemplo, una vez una amiga me dijo que mi regalo de cumpleaños llegaría tarde porque no lo había terminado aún. Cuando finalmente lo recibí, me quedé sorprendida de ver que era un cuadro a mano de mi perro, algo que puedo mirar y disfrutar durante años. Soy bendecida con el cuadro, pero aún más bendecida por el esfuerzo que ella hizo para terminarlo para mí.

Todo lo que usted dé es bueno, pero siempre que pueda, haga un esfuerzo especial por poner algo en las manos de alguien que usted sepa que realmente le gusta. Tan sólo el hecho de que usted haya escuchado con atención para saber lo que realmente le gusta y quiere le bendecirá grandemente. Una amiga mía tenía un perro muy especial que murió siendo aún un cachorro. Estaba muy apenada y no podía permitirse conseguir otro, así que pude regalarle uno y sorprenderla. Si le preguntamos a Él, Dios nos capacitará para proveer para la gente como una manera de mostrarles amor. Él siempre provee con abundancia para que nosotros guardemos y disfrutemos y también podamos dar, si sostenemos las cosas sin apretar y buscamos oportunidades de dar.

A veces sigo lo que yo llamo una estampida de dar. Tengo el deseo de ser una bendición, y quiero usar mis posesiones como una forma tangible de mostrar amor, así que voy por la casa, abro mis cajones, mi armario y mi joyero para encontrar cosas que pueda regalar. Siempre encuentro cosas, y me sorprende lo mucho que me tienta querer quedármelo aunque sean cosas que no haya usado en dos o tres años. ¡Nos gusta poseer cosas! Pero es mucho mejor usar nuestras posesiones para ser una bendición para otros y hacerles sentir amados y valiosos.

Si le cuesta ver lo que tiene para dar, pídale a Dios que le ayude y rápidamente encontrará que tiene un sinfín de cosas que puede usar para mostrar amor a la gente herida. Al usar lo que tenemos para un buen fin, el amor siempre aumenta, y otras cosas nos son añadidas cuando demostramos ser buenos administradores de las posesiones de Dios.

Recuerden esto: El que siembra escasamente,
escasamente cosechará, y el que siembra en abundancia
[esa bendición recaerá sobre alguien], en abundancia
cosechará. Cada uno debe dar según lo que haya
decidido en su corazón, no de mala gana ni por
obligación, porque Dios ama [se complacen, aprecia por
encima de otras cosas y no está dispuesto a abandonar
o no hacer algo] al que da [al que su corazón está en lo
que da] con alegría [gozoso, "deseando hacerlo"].

2 Corintios 9:6-7

Cuando esté en su lecho de muerte, no pedirá un estado de cuentas bancario o un inventario de sus posesiones. Querrá estar rodeado de familiares y amigos que le aman. Comience a edificar esas relaciones ahora usando todos sus recursos para demostrar amor a esas personas.

AMOR REVOLUCIONARIO
Pastor Tommy Barnett

Revolución, *s* 1: la acción de un cuerpo celestial de ir alrededor en una órbita 2: ciclo 3: rotación 4: un cambio repentino, radical o total; especialmente el derrocamiento de un gobierno y la sustitución de otro por los gobernados.

Todas estas definiciones del diccionario de revolución se aplican a su invitación personal de convertirse en parte de la Revolución de Amor que Dios está expandiendo por todo el mundo.

De hecho, el diccionario define un revolucionario como alguien que se adhiere a una revolución, o un defensor o abogado de doctrinas revolucionarias. La Revolución de Amor es verdaderamente una doctrina revolucionaria, porque el mundo ve el amor como algo que se debe conseguir y tener, mientras que Jesús está intentando revolucionar nuestra manera de pensar y nuestras acciones para definir amor como algo que fluye a través de nosotros y que debemos dar.

¡Por tanto, está invitado a participar en un círculo de amor único! Un círculo que continúa expandiéndose con el centro y la circunferencia en busca de un sólo objetivo: amar y animar a la gente a seguir a Jesucristo mientras buscamos dar la bienvenida al mundo a la familia de Dios.

Nuestro círculo radical de amor y ánimo incluye los sin techo, las víctimas de los desastres naturales y los causados por el hombre, las víctimas de los abusos y las relaciones abusivas, mujeres que están tratando con asuntos de abortos y heridas relacionales, los que están económicamente en desventaja o no tienen trabajo, los que abusan de las sustancias, ¡y una multitud de grupos con heridas demasiado vastas como para poder enumerar! Tantas veces en el pasado, las iglesias han considerado a estas personas como los posos de la humanidad, pero nosotros les estamos buscando como los futuros tesoros del reino de Dios.

La Revolución de Amor es simple: comienza con cada uno de nosotros ensanchando nuestro círculo de amor para incluir a los que nos rodean que están heridos. Durante muchos años, las iglesias han enfatizado programas para traer a gente nueva. En números alarmantes, los programas han ido y venido, sin éxito alguno a la hora de agrandar. Por el contrario, las esferas de influencia de las iglesias se han convertido muy a menudo en círculos de tamaño decreciente. Hacer más énfasis en los programas que en la gente no ha logrado el reto de Jesús, que declaró que debemos amarnos unos a otros.

El desafío de la revolución

El ciclo, el círculo, o la Revolución de vivir como Jesús por otras personas, es un desafío que el apóstol Pablo pone delante de nosotros: "Por tanto, imiten a Dios, como hijos muy amados, y lleven una vida de amor, así como Cristo nos amó y se entregó por nosotros como ofrenda y sacrificio fragante para Dios" (Efesios 5:1-2).

Este es el llamado de la Revolución de Amor: caminar en amor, no sólo decidir amar. Mucha gente sabe que amar es lo que debemos hacer, ¿pero cómo puede aumentar su círculo de amor? Sucede en el caminar diario.

Todos tenemos un círculo de influencia, y todos pertenecemos a un círculo. La mayoría de nosotros tenemos un círculo de amigos. ¿Cuál es el tamaño de su círculo? ¿Cómo es de inclusivo o exclusivo? Me encuentro con muchas personas con buenas intenciones que parecen no darse cuenta del tamaño tan minúsculo de su círculo. Si todos vivimos con "la mentalidad de Cristo", y la mente de Cristo está dentro de nosotros, cada círculo debe incluir a todos y no excluir a nadie.

Importante para mí, y como definición de mi círculo personal, es el asunto de los pecadores que me veo desafiado a traer a mi círculo. Encuentro fácil mezclar mi odio al pecado con el pecador, haciéndome odiar al pecador porque aborrezco el pecado. He aprendido que Dios quiere que odie el pecado, pero que ame al pecador. A veces, nuestra actitud hacia el pecado puede ser como un encuentro con una serpiente de cascabel peligrosa que se está enfrentando a un niño. La serpiente está enrollada y lista para atacar. Odiamos a la serpiente, pero amamos al niño y queremos rescatarle de los colmillos de la posible muerte.

Nos sentimos empujados a advertir a la gente de las consecuencias del pecado, pero también debemos movernos en la compasión del Señor para incluir a los pecadores en mi círculo de amor. Además, la mayoría de los pecadores son conscientes de los efectos negativos de las malas decisiones en su vida, y no necesitan que otra persona venga y les condene. Muchos ya están atormentados por la creencia de que la iglesia, y mucho menos Dios, no les recibirá por su estilo de vida, adicciones, infidelidad o desagradables errores.

La gente en el liderazgo a menudo nos pregunta por qué nuestra iglesia en Phoenix y el Dream Center en Los Ángeles trabajan a propósito con los que no tienen derecho a voto, los desamparados y aquellos a los que nadie quiere. Ellos han tomado malas decisiones. Nunca he dudado que Dios quisiera que todos estuvieran en su círculo de amor.

Si somos lo que decimos ser, verdaderas expresiones de Jesucristo, nadie puede quedar excluido. Eso incluye a la gente de doctrinas diferentes, de otras denominaciones y experiencias. Debemos ser animadores, heraldos de esperanza, que señalan a la gente hacia el amor incondicional de Dios, y luego convertirnos en una evidencia de eso hacia ellos.

Yo no soy responsable de los que me excluyen o incluyen. Soy responsable de mí mismo, y de aquellos a los que excluyo. Jesús, en esa frase universal cuando estaba en la cruz dijo básicamente: "Padre, perdónalos porque no saben lo que hacen" (ver Lucas 23:34). Su círculo incluyó a los que le crucificaron. Incluso sus críticos que se mofaron de Él y le escupieron y ofrecieron cruelmente vinagre cuando pidió agua están incluidos en su círculo de amor.

Nuestro círculo existe para incluir incluso a los que nos han ofendido. He aprendido a no pelear nunca con la gente en mi círculo, no hay batalla. Estoy seguro mientras incluya a todos en mi círculo de amor, y así no seré herido.

No se pueden hacer demasiados amigos, pero si tiene un enemigo, se encontrará con ese enemigo dondequiera que vaya, porque uno queda atado a aquello a lo que odia. Aceptando a todos, usted comienza a dominar de lo que se trata el amor de Dios. Cualquiera que se quede fuera de su círculo de amor puede herirle, pero todo aquel que esté dentro de su círculo de amor no le herirá.

El estándar legalista de la religión que algunos incluso tienen en gran estima es estrecho y exclusivo. El estándar de la

Revolución de Amor es universal. ¡El amor sana! ¡El amor restaura! ¡El amor ilumina! ¡El amor levanta! Cuanto mayor sea mi círculo de amor, más feliz soy y más puedo exhibir el amor de Dios a otros.

Una Revolución de Amor en acción

Cuando comenzamos el centro Los Ángeles Dream Center, fuimos a propósito a un área marginada que el gobierno, las iglesias e incluso la policía habían dejado por imposible. Como agrandamos nuestro círculo de amor para incluir a miembros de bandas, fugados, sin techo, prostitutas, criminales reincidentes y jóvenes rechazados, nuestro círculo de amor se ha agrandado hasta el punto de que centros Dream Center por todo el mundo se acercan a los marginados mostrándoles el amor de Cristo a través de actos de servicio.

Cada semana, cientos de voluntarios del programa Adopta un bloque de Los Ángeles Dream Center (uno de los cientos de aspectos de la Revolución de Amor que salieron del Dream Center) salen a los barrios y simplemente sirven a sus vecinos limpiando sus jardines, tapando un graffiti y sirviéndoles de varias formas. Se trata de servir a personas que no conocen para mostrarles el amor de Cristo.

Y en un momento en que el crimen y la degradación social han aumentado en toda la ciudad de Los Ángeles, el vecindario cerca del Dream Center ha experimentado un descenso de más del 70 por ciento en el índice de delitos, mientras que multitudes han recibido la fe en Jesucristo. La división Rampart, un vecindario notorio por su corrupción, crimen y pecado, ahora es un ejemplo brillante de gente mostrando el amor de Cristo. ¡Eso es una Revolución de Amor!

Perdonando y para dar

¿Alguna vez le han perdonado? Entonces perdone a otros. El amor perdona y el amor es para dar.

Dar amor es una de las cosas más difíciles de hacer. De muchas formas, es más difícil que dar dinero, porque el amor tiene que proceder de un corazón abierto. No hay manera de hacer de ello una fría transición empresarial.

Pero muchos de nosotros no entendemos bien lo que es el amor. Pensamos que es algo que podemos recibir y poseer como un regalo o algo que nos pertenece, pero eso no es realmente amor.

El amor es algo que usted sólo puede dar, no algo que posee. Ninguno de nosotros poseemos amor; usamos el amor. La palabra bíblica para amar está en voz activa, lo que quiere decir que el amor que no se da no es amor.

¿Alguna vez ha conocido a alguien que siempre necesita amor pero que nunca consigue lo suficiente? Cuanto más se enfoquen en el amor que sienten que merecen, menos amor tendrán. Están tan enfocados en su falta que la cantidad que tienen nunca es suficiente.

Cuando ayudamos a gente herida, nos encontramos con gente continuamente que nos dice que necesitan que alguien les ame. Sin embargo, yo he descubierto que lo que funciona es justamente lo contrario: no necesitamos ser amados tanto como necesitamos amar a alguien.

Cuando amamos incondicionalmente, nunca podemos convertirnos en prisioneros de un hombre o una mujer, pero cuando demandamos que alguien nos ame, nos convertimos en su esclavo y somos fácilmente encarcelados por su falta de amor hacia nosotros.

Más importante dar que recibir

Creo que es más importante para la gente mostrar amor que recibirlo. Cuando usted muestra amor, se abre el grifo celestial por el que Dios derrama amor continuamente sobre nosotros; cuanto más amor muestre, más tiene y más fácil es dejar el grifo abierto y dejarlo fluir hacia otros.

La cantidad de amor que tiene está directamente influenciada por la cantidad de amor que da. Es paradójico, pero es cierto: la única manera de retener el amor es dándolo.

> La única manera de retener el amor es dándolo.

Si constantemente da amor, siempre estará enfocado en lo que tiene para dar, y esa cantidad crecerá. Aunque nadie le corresponda ese amor, tendrá una cantidad inagotable de amor a través de Jesús, y su vida estará llena de amor.

Cuando yo era joven, amaba a la gente menos que ahora, pero intenté dar mi amor y descubrí que mis propias reservas aumentaban. Mientras siga usando el amor que tengo, Dios sigue dándome un amor más profundo.

De joven, realmente no amaba a los niños, sólo les apreciaba; pero un día tomé la decisión de amarlos. Hoy mi corazón rebosa de amor por los niños, y puedo decir que ahora los amo genuinamente y disfruto de ellos, y me encanta bendecirlos.

Ahora disfruto la vida tremendamente, pero cuando era un joven predicador no estaba ni la mitad de gozoso. Ahora tengo veinte veces la cantidad de gozo que tenía hace veinte años. Decidí en mi mente que podía escoger ser aburrido o gozoso, y también que podía escoger el gozo. He descubierto que desde que decidí darlo, he recibido mucho más gozo.

Parte de la Revolución de Amor que viene al cuerpo de Cristo es ayudar a las personas a ver que buscar amor es la manera equivocada de enfocarlo. Debemos ayudar a la gente, mediante nuestro ejemplo, a entender que, para tener amor, uno no lo busca, sino que lo da.

El verdadero amor no viene de ninguna persona, sino de Dios. Incluso mi amor por mi esposa Marja es puro porque descubrí la fuente. Aprendimos que hay más bendición en dar que en recibir, y cuando un marido y una esposa se dan amor activamente el uno al otro, tienen un gran matrimonio.

Cuando el cuerpo de Cristo aprenda a dar amor de manera activa a un mundo perdido y agonizante, aumentaremos nuestro círculo de amor e influenciaremos nuestra sociedad para bien, y mejoraremos nuestra sociedad.

¿Está listo para la Revolución? Estas son unas pocas sugerencias para vivir el amor de Cristo en su versión personal de la Revolución de Amor:

1. Hable amor. Salga y dígalo.

Conviértase en una "catarata de amor", siempre vertiendo en otras personas. Algunos dirán: "Yo no soy así". Si cada creyente dijera: "Te amo" más veces, redefiniría las relaciones del mundo. Inténtelo, si le dice a la gente que les ama, usted también lo oirá como respuesta. Cuando usted dice, de una manera sentida, las palabras "Te amo", eso le habilita en el amor de Cristo.

2. Escriba su amor.

Yo tengo un archivo "Te amo" para las cartas bonitas que recibo, las cuales significan mucho para mí. Una simple nota de ánimo suya puede significar mucho para otra persona.

Escribir su amor hace que este sea permanente y duradero, incluso podría ser algo que preserve la vida para alguien que se esté hundiendo en la desesperación. Escribir a alguien un mensaje del amor de Dios será de ánimo para ellos, de inspiración para usted, y aumentará la consciencia del amor de Dios.

3. Arriésguese a hacer extravagantes actos de amor.

Cuando vamos más allá de lo que puede que otros esperen de nosotros al expresar el amor de Cristo, el resultado de esas acciones de amor se multiplicará en las vidas de otros. A veces, conlleva un poco de riesgo hacer un poco más; eso es parte de la Revolución de Amor. Pregúntese: "¿Puedo amar a otros un poco más de lo que estoy haciendo ahora?". Haga memorable su vida; los revolucionarios siempre hacen cosas extravagantes. Convierta un día normal en extraordinario dejando que su amor sea extravagante en su expresión del amor de Dios.

4. El amor está dispuesto a alegrarse y a llorar.

Frecuentemente, mostrar amor es ayudar a alguien que no está para celebraciones. Compartir el dolor de alguien, o caminar por el valle con él o ella, establece unos cimientos sólidos de amor y confianza. Jesús fue a bodas y funerales. Él sabía lo que la gente necesitaba en ambas circunstancias. Debemos compartir el amor de Dios en toda circunstancia para que estemos cómodos mostrando amor tanto al que ríe como al que llora.

5. Aprenda a amar a diferentes personas de formas diferentes.

La gente da y recibe amor de formas distintas, así que debemos aprender a amar a la gente de formas diferentes. Es vital que cada uno de nosotros aprenda a dar y recibir amor a los que tiene cerca, y es imperativo que aprendamos a dar amor a los que nos rodean en el mundo, especialmente a los que no reciben amor de nadie más. Estudie a la gente y la Palabra de Dios, vea cómo Jesús amó a la gente y aprenderá a mostrar amor a diferentes personas de diferentes maneras que haga que todos se sientan bien y le dé gloria a Dios.

¿Quiere ser un revolucionario?

Entonces, ¿actuará como un revolucionario hoy? ¿Dará evidencias cada día de su vida a partir de ahora de que es parte de la Revolución de Amor? ¿Por qué cosa será recordado? ¿Por su ingenio? ¿Por su inteligencia? Al final, lo que importa es sólo el amor. El amor es lo que nos da valor eterno. Todos quieren ser reconocidos como criaturas espirituales hechas a la imagen de Dios, y el amor es la única manera de hacer eso.

Ame como si su amor fuera ilimitado, y descubrirá que lo es. Puede que no ame a alguien la primera vez que vea a esa persona, pero si da el amor que tiene, aumentará.

Le reto a que usted sea la persona más "amorosa" que conoce, y le puedo decir de antemano que si ama siempre, sus reservas nunca se agotarán.

¿Qué dice? Vuelva a alistarse en el ejército que Dios está levantando hoy, ¡y nos vemos en la Revolución de Amor!

CAPÍTULO

15

¿Necesitamos un avivamiento o una revolución?

Todos piensan en cambiar el mundo, pero
nadie piensa en cambiarse a sí mismo.
Leo Tolstoy

Cuando alguien es revivido, lo viejo vuelve de nuevo a la vida, la atención renovada se dirige a algo. Cuando la sociedad experimenta un interés religioso renovado, se llama avivamiento. El diccionario Merriam-Webster define *avivamiento* como "a menudo una reunión o serie de reuniones evangelísticas muy emocionales". Toda mi vida adulta como cristiana he oído a la gente hablar y orar por el avivamiento, pero ya no estoy segura de que lo que necesitemos sea un avivamiento. Creo que necesitamos algo más radical, creo que necesitamos una Revolución. El diccionario Webster define la palabra *revolución* como "un cambio repentino, radical o total".

De algún modo estamos más cómodos volviendo a vestir lo viejo que cambiando radicalmente, ¿pero acaso los avivamientos del pasado han transformado la iglesia y el mundo? Han sido, sin lugar a dudas, beneficiosos en su tiempo, ¿pero qué necesitamos ahora en la iglesia para poder ser efectivos en el mundo? ¿Qué va a suponernos ser la luz que Cristo nos ha llamado a ser?

En su libro *The Barbarian Way*, Erwin McManus escribe: "Dejemos el cristianismo saneado y volvamos a la fe de antaño, pura y poderosa, que escoge la revolución antes que la transigencia, el peligro a la seguridad y la pasión a las religiones tibias y diluidas". La pasión de Cristo le llevó a la cruz. ¿Nos llevará la nuestra al menos a sacrificar algunas de nuestras antiguas formas para que la siguiente generación pueda experimentar el poder transformador de la Revolución de Amor?

Jesús fue un revolucionario, y ciertamente no era un defensor de la tradición. Vino a traer un cambio, y eso decepcionó a la gente religiosa de su tiempo. Dios nunca cambia, pero cambia a otros. He descubierto que Él ama la creatividad y las nuevas cosas, y que mantiene las cosas frescas y encendidas.

Algunas iglesias ni siquiera considerarán cambiar algo tan simple como el estilo de su música. Cantarán himnos y tocarán el órgano mientras existan, ignorando el hecho de que su congregación está decreciendo en tamaño y no están afectando para nada a su comunidad. Necesitan mirar a su alrededor cada domingo por la mañana y preguntarse por qué toda la gente que hay es de mediana edad o mayor. ¿Dónde están los jóvenes? ¿Dónde está el entusiasmo? ¿Dónde está la vida?

Hace varios años comenzamos a experimentar un pequeño declive en las conferencias que hacemos por todo el país, y nos dimos cuenta de que la mayoría de los asistentes eran de mediana edad o mayores. Nuestro hijo, que tenía entonces veinticuatro años, comenzó a animarnos a hacer algunos cambios radicales en nuestro estilo de música, iluminación, decoración y nuestra manera de vestir. Dijo que su generación necesitaba desesperadamente que el evangelio de Jesucristo los alcanzara, pero les desanimaba la religión a la antigua usanza que tenía reputación de ser legalista y aburrida. Durante un año, Dave y yo nos resistimos, diciendo lo que dice la mayoría de la gente cuando no quiere cambiar: "Dios no cambia". También sentimos que lo que habíamos hecho hasta ese entonces había funcionado bien, ¿para qué cambiar entonces? Había mucho orgullo de por medio, y era difícil dejar que un chico de veinticuatro años que acababa de comenzar a trabajar con nosotros nos dijera lo que hacer. Pero a medida que avanzaba el año comenzamos a escuchar a otros jóvenes, y nos dimos cuenta de que no teníamos que adorar los métodos. Nuestro mensaje no cambiaría, pero la caja en la que venía tenía que cambiar.

El mundo cambia, la gente cambia, las nuevas generaciones piensan diferente que las anteriores, y tenemos que preocuparnos de cómo alcanzarles. Yo quería ver a gente joven en mis conferencias, pero no estaba dispuesta a darles nada que les interesase. No estaba dispuesta a ir donde ellos estaban, pero poco a poco nuestros corazones se fueron abriendo a intentar cosas nuevas, y vimos grandes resultados. No sólo no perdimos a la gente que teníamos, sino que llegó gente nueva, y muchos de ellos eran jóvenes y entusiastas. Si tenemos la sabiduría de la antigua generación y la creatividad entusiasta de la más joven, entonces tenemos lo mejor de los dos mundos.

Un día tuvimos una reunión de negocios con nuestro equipo de liderazgo en la oficina. Nuestro hijo, que había estado presionando para cambiar, tuvo una idea sobre algo y yo no estaba de acuerdo con él. Él siguió insistiendo en su idea, así que pregunté a los demás qué pensaban y todos estaban de acuerdo conmigo. Cuando usé el argumento de que todos en la sala estaban de acuerdo conmigo, nuestro hijo Dan dijo: "Claro que todos están de acuerdo contigo mamá; todos tienen tu misma edad". En ese momento comencé a darme cuenta de que me había rodeado de gente como yo, y al hacerlo, estaba bloqueando la variedad. Necesitábamos tener líderes de todas las edades, no sólo gente de la misma generación.

En otra ocasión, Dan quería usar algunos colores en nuestra revista mensual que nunca antes habíamos usado. A mí no me gustaban, así que dije que no. Él siguió agresivo sobre usar nuevos colores y dije de manera enfática: "No me gustan, ¡y no vamos a usarlos!". Él dijo: "No me había dado cuenta de que estabas llamada a ministrarte *a ti misma*. ¿Y qué tal si a otras personas les gustan estos colores?". En ese momento tuve una experiencia reveladora. Me di cuenta de que tenía códigos de vestimenta en la oficina que eran los que *a mí* me gustaban y usábamos los colores en la revista, en anuncios y en el edificio que *yo* quería. Teníamos la música que *a mí* me gustaba, y me avergoncé cuando me di cuenta de cuántas de mis decisiones estaban basadas en lo que a mí me gustaba y con lo que yo estaba cómoda, y no en lo que la gente necesitaba.

Dave y yo comenzamos a darnos cuenta de que estábamos adorando los métodos, y que esos métodos no significaban nada para Dios. Era su mensaje lo que Él quería que diéramos, y la caja en que venía ciertamente se podía cambiar, así que comenzamos a cambiar y hemos seguido abiertos al cambio desde entonces. Hemos cambiado nuestros estilos de vestir a un estilo más contemporáneo. Hemos cambiado nuestros grupos de alabanza para alcanzar más a los jóvenes. Decidí amar a la actual generación y cantar canciones que a ellos les gustan. Acortamos la duración de nuestras reuniones porque toda nuestra sociedad hoy quiere hacer cosas más cortas. Yo estaba acostumbrada a reuniones de tres horas, pero no todos lo estaban, así que decidimos adoptar una postura intermedia. Cambiamos nuestra iluminación por otra más agresiva, e incluso conseguimos una máquina de humo que me dicen que crea atmósfera. Yo aún sigo pensando que lo único que hace es impedir que la gente pueda ver con claridad, pero me puedo acostumbrar al humo si hace que la gente se identifique conmigo lo bastante como para escuchar el mensaje del evangelio. Recuerde que Pablo dijo que hacía lo que fuera necesario para ganar a la gente para el evangelio de Jesucristo (ver 1 Corintios 9:20-22). Él no adoraba los métodos, y nosotros tampoco deberíamos hacerlo.

La Biblia dice que en los últimos tiempos experimentaremos una iglesia egoísta y egocéntrica. La gente perderá la moral y mantendrá una manera de religión pero negará el poder del evangelio (ver 2 Timoteo 3:1-5). Tenemos que ver el poder de Dios en nuestras iglesias. Necesitamos ver vidas cambiadas, sanidad, restauración y redención. Tenemos que ver el amor de Dios fluyendo libremente. Tenemos que ver una Revolución, ¡y estoy decidida a ser parte de ella!

Puedo decir honestamente que muchos de los cambios que hemos hecho en nuestras conferencias no son del todo de mi agrado, pero estoy aprendiendo más cada día que el amor requiere que no impongamos nuestras formas, y encontremos las formas de Dios para cada situación. Muchos de nuestros cambios definitivamente han sido un sacrificio para mí en lo personal, pero sé en mi corazón que han sido los cambios acertados. Aunque suene un tanto estúpido decirlo, hubo un tiempo en que pensaba que Dios no bendeciría a alguien que estuviera en la plataforma intentando dirigir a la gente vistiendo pantalones vaqueros. Luego pensé seriamente en lo que Moisés probablemente vestía cuando fue al monte a recibir los Diez Mandamientos y finalmente me di cuenta de lo necia que estaba siendo. Juan el Bautista vestía de forma muy rara, tenía hábitos alimenticios muy extraños y su audiencia era el desierto, pero dirigió una revolución. Preparó el camino para el Mesías. No era un fan de la religión organizada, y llamó a la mayoría de los líderes religiosos de su tiempo raza de víboras. Estaba hastiado de la gente religiosa farisaica de su época que iba al templo a orar pero no movía un dedo para ayudar a alguien en necesidad.

Dios mira el corazón, y tenemos que aprender a hacer lo mismo. Él no estaba preocupado por el aspecto de Moisés o de Juan, sino que estaba entusiasmado de encontrar a alguien que no tuviera temor de dirigir una revuelta en contra de la religión muerta y dirigir a la gente hacia una intimidad con Él.

El amor se sacrifica

La palabra *sacrificio* no es una que nos emocione por lo general, porque significa entregar algo que preferiríamos quedarnos. En el lenguaje original del Nuevo Testamento (griego) la palabra significa "un acto de ofrecer, o aquello que se ofrece". El amor no busca lo suyo (ver 1 Corintios 13:5). El amor a menudo requiere que sacrifiquemos nuestra manera de hacer algo.

En el Antiguo Testamento, "sacrificio" se refería a animales sacrificados por el pecado, pero en el Nuevo Testamento se refiere al sacrificio de Cristo de Él mismo en la cruz. El Nuevo

Testamento también anima a los creyentes: "En adoración espiritual, ofrezca su cuerpo como sacrificio vivo, santo y agradable
a Dios" (Romanos 12:1).

La principal razón por la que no vemos mucho amor real en
el mundo como deberíamos es porque a la gente no le gusta sacrificarse. Nuestra tendencia natural es guardar, no dar en sacrificio. Protegemos nuestra zona de comodidad. Damos si es fácil y
conveniente, pero cuando se requiere un sacrificio, nos echamos
para atrás. ¿A cuántas de sus maneras se está aferrando desesperadamente sin tan siquiera preguntar si "tendrá Dios una
manera diferente para que yo haga esto?". Después de todo, la
Biblia dice que sus caminos son más altos que nuestros caminos (ver Isaías 55:8).

Afortunadamente, podemos formar nuevos hábitos y, de hecho,
vivir una vida de sacrificio y disfrutarlo. Cuando nos acordamos
de hacer el bien a los demás y rehusamos descuidar ser generosos,
la Biblia dice que Dios se agrada de tales sacrificios (ver Hebreos
13:16). "Porque tanto amó Dios al mundo, que dio a su Hijo uni-
génito" (Juan 3:16). El amor debe dar, ¡y dar requiere sacrificio!

Todos tenemos una manera en que nos gusta hacer las cosas,
y normalmente pensamos que nuestra manera es la correcta.
Uno de los mayores problemas de la religión en general es que
a menudo se queda atascada en las "viejas formas" que ya no
ministran a la gente, y se niega a cambiar, rehusando sacrificar
así sus caminos.

Una amiga recientemente me dijo que obliga a sus hijas adolescentes a ir a la iglesia todos los domingos, pero que siempre se aburren y no pueden esperar a que termine la reunión.
Admite que no sacan absolutamente nada de estar ahí. Esas chicas probablemente aman a Dios, pero no se identifican con los

métodos empleados por esa iglesia. Son de una nueva generación que hace cosas de una forma nueva. Tristemente, muchos
niños educados en hogares cristianos se alejan de cualquier tipo
de religión cuando son adultos. Quizá les desanimó la hipocre-
sía, las reglas legalistas o aburrirse hasta más no poder. La iglesia no funcionó para ellos; querían algo genuino y poderoso,
algo divertido y aventurero, pero terminaron con una larga lista
de cosas que no podían hacer.

Tommy Barnett, uno de los fundadores del centro Los Ángeles Dream Center, descubrió que muchos jóvenes de la zona
hacían skateboard. Cuando oyó que un skater famoso estaba
en la ciudad para rodar una película y que se había construido
una pista para patinar de 50.000 dólares, osadamente preguntó
si la iglesia podía quedársela cuando terminase la película; y se
la dieron, pasó a ser propiedad del Dream Center, y ahora los
sábados cualquiera que vaya a la reunión esa semana consigue
una entrada gratis para montar si así lo desea. La disponibilidad del pastor Barnett a hacer algo radical y nuevo ha traído
a miles de adolescentes al Dream Center a patinar, y muchos
de esos adolescentes terminan aceptando a Cristo. Él sacrificó
las viejas tradiciones que quizá no le hubieran permitido algo
así para alcanzar a esos patinadores con amor. Él entendió su
deseo y les ayudó a cumplirlo. No podemos esperar que la gente
joven —o cualquier persona— sólo quiera leer la Biblia y orar.
La gente necesita reírse y divertirse y tener aventuras, y no
deberían tener que irse al mundo para conseguirlo.

El pastor Barnett dijo que cuando su coro de doscientas voces
con túnicas blancas cantaba "Cuán grande es Él", los adolescentes se dormían, así que cuando los adolescentes preguntaron si podían cantar algo de su música la siguiente semana, les

dio permiso. Al escucharles la semana siguiente, se dio cuenta de que habían convertido una canción de rock and roll en una canción espiritual. Al principio pensó: *Oh no, ¿qué he hecho?* Pero después, mientras escuchaba, entendió que la bendición de Dios estaba en esa canción. Es increíble que Dios use lo que nosotros rechazaríamos. Dios ve el corazón.

Creo que debemos aprender que lo único sagrado es el mensaje del evangelio, no las formas que usamos para presentarlo. Si no aprendemos esto, corremos el peligro de ser irrelevantes para la actual generación y perderlos. Ellos necesitan conocer desesperadamente el amor de Dios, y quizá tengamos que sacrificar para ello nuestras maneras para hacer que eso ocurra.

Cuando hicimos los cambios en nuestras conferencias, ¿sacrificamos lo que quería la actual congregación para conseguir que vinieran las personas que queríamos? ¿Estábamos siendo injustos con aquellos que habían estado con nosotros durante tanto tiempo? No lo creo, porque quienes son más maduros espiritualmente deberían estar listos y dispuestos a sacrificarse para hacer que otros conozcan la verdad. Cuando expliqué a la gente por qué estaba haciendo cambios, todos aclamaron. La gente quiere hacer lo correcto, tan sólo necesita entenderlo. Por supuesto, siempre habrá gente que se resista al cambio, y esas personas se quedan atrás, se quedan donde están, pero Dios continúa avanzando con o sin ellos.

Cuando hablamos de la necesidad de una Revolución de Amor, estamos hablando de un cambio radical en la manera de vivir la vida. Deberíamos preguntarle a Dios diariamente qué podemos hacer por Él, no sólo qué puede Él hacer por nosotros. Cualquiera que participe en una Revolución de Amor tendrá que hacer sacrificios por los demás, pero esos sacrificios también traerán un nuevo gozo. Nuestro enfoque debe cambiar de nosotros a otros. Tenemos que pensar en lo que podemos dar, no en lo que podemos conseguir. Cuando Jesús viajaba con sus discípulos, les enseñaba sobre la vida, y creo que necesitamos oír mensajes desde nuestros púlpitos sobre cómo vivir la vida cotidiana de una manera agradable a Dios, no sólo mensajes sobre asuntos doctrinales. Tenemos que asegurarnos de que los mensajes sean relevantes para todas las generaciones.

¿Conoce a Cristo desde hace mucho tiempo y sin embargo su amor sigue preso dentro de usted? Si es así, es momento de dejarlo salir. Debemos ser los canales por los que fluya el amor de Dios, no reservas. Póngase todos los días a disposición de Dios para que le use, y le reto a hacer esta oración todos los días: "Dios, muéstrame lo que puedo hacer hoy por ti".

Dios quiere que nos presentemos diariamente como un sacrificio vivo (ver Romanos 12:1). Él quiere que le ofrezcamos a Él todas nuestras facultades y recursos. Una Revolución de Amor requerirá sacrificios de tiempo, energía, finanzas, nuestras maneras y muchas otras cosas, pero vivir sin amor es sacrificar la vida que Jesús murió para darnos.

Salga de esa rutina religiosa

¿Está listo para salir de su rutina religiosa e involucrarse con gente de verdad que tiene problemas de verdad? La clave para la felicidad no está en ser amado; está en tener a alguien a quien amar. Si realmente quiere ser feliz, encuentre a alguien a quien amar. Si quiere poner una sonrisa en el rostro de Dios, encuentre a una persona herida y ayúdela.

Yo fui a la iglesia treinta años sin oír nunca un sermón sobre mi responsabilidad bíblica de cuidar de los huérfanos, las viudas, los pobres y los oprimidos. Me impresionó cuando finalmente entendí la gran parte de la Biblia que trata sobre ayudar a la gente. Me pasé la mayoría de mi vida cristiana pensando que la Biblia se trataba de cómo Dios podía ayudarme. No es de extrañar que no fuera del todo feliz.

Actualmente me estoy preparando para un viaje a África para visitar Etiopía, Ruanda y Uganda. Sé que veré necesidad allí que es mayor que cualquier cosa que haya visto jamás, y estoy preparada y deseosa de dar. El viaje será un sacrificio de tiempo, energía, comodidad y finanzas, pero tengo que ir. Necesito tocar a gente que sufre, necesito estar cerca de la pobreza y el hambre, tan cerca que nunca se me olvide cuando regrese a casa.

Cargaré a niños que tienen malnutrición por el hambre, y veré el dolor en los ojos de las madres que están allí de ver a sus hijos muriendo y sin poder hacer nada. Pero también ayudaré a algunos de ellos. Quizá no pueda ayudar a todos, ¡pero haré lo que pueda porque me niego a no hacer nada! Podré regresar y compartir de primera mano con los amigos y colaboradores de nuestro ministerio cómo se pueden involucrar para ayudar a la gente.

La gente quiere ayudar, pero muchos no saben qué hacer. Necesitan a alguien que se lo organice. ¿Tiene usted capacidades de liderazgo? Si es así, ¿por qué no organiza una salida a los pobres de su ciudad o inicia una manera para que usted y sus amigos puedan involucrarse en misiones con los pobres y perdidos del mundo? Un grupo de mujeres que tomó la determinación de hacer algo recaudó "cosas" de sus vecinas e hicieron un rastrillo y destinaron todo el dinero para ayudar a los pobres. Tuvieron tanto éxito que siguieron haciéndolo, y ahora tienen una tienda dirigida por voluntarios. Toda la mercancía para vender son donaciones, y todo el dinero es para las misiones. Pudieron dar sesenta y cinco mil dólares en un año. (Por cierto, la mayoría de las mujeres tenían más de sesenta años, y estoy orgullosa de ellas por hacer algo tan creativo y valioso. Han decidido dejar que sus postreros años sean los más fructíferos).

Tome la determinación de ayudar a alguien. ¡Sea creativo! Dirija una revuelta contra vivir en una rutina religiosa donde va a la iglesia y luego a casa, y vuelve a la iglesia pero realmente no está ayudando a nadie. No se siente en los bancos de la iglesia y cante himnos solamente; involúcrese también en ayudar a los necesitados. Recuerde las palabras de Jesús:

> "Porque tuve hambre, y ustedes no me dieron nada de comer; tuve sed, y no me dieron nada de beber; fui forastero, y no me dieron alojamiento; necesité ropa, y no me vistieron; estuve enfermo y en la cárcel, y no me atendieron."
>
> Ellos también le contestarán: "Señor, ¿cuándo te vimos hambriento o sediento, o como forastero, o necesitado de ropa, o enfermo, o en la cárcel, y no te ayudamos?"
>
> Él les responderá: "Les aseguro que todo lo que no hicieron por el más pequeño de mis hermanos, tampoco lo hicieron por mí".
>
> *Mateo 25:42-45*

Me dedico a la compasión y **rindo** mis excusas.
Me opongo a la injusticia
y **me comprometo** a practicar sencillos actos del amor de Dios.
Me niego a no hacer nada. Esta es mi resolución.
YO SOY LA REVOLUCIÓN DE AMOR.

NOTAS

1. ¿Qué es lo que falla?

1. "Help End Sex Trafficking!" http://crisisaid.org/trafficks tats.html
2. "Hunger Facts: International", http://bread.org/learn/hun ger-basics/hunger-facts-international.html

3. Nada bueno ocurre por accidente

1. "Forced to Flee: Uganda's Young 'Night Commuters'", http://www.theirc.org/where/page-28828228.html
2. "Simplemente estadísticas"

6. Venza con el bien el mal

1. "Widows in Third World Nations", http://www.deathrefe rence.com
2. "Uganda, Ghana and Cote d'Ivoire—The situation of widows", http://www.ifad.org/gender/learning/challenges/ widows/55.htm

7. Justicia para los oprimidos

1. "Prostitution is not a choice, it is a lack of choices", http:// www.spokesmanreview.com/blogs/vox/media/Feb07vox page2.pdf

9. Haga que la gente se sienta valiosa

1. George W. Crane, *Charlas radiofónicas del Dr. Crane,* vol. 1 (Mellot, IN: Hopkins Syndicate, Inc., 1948), p. 7.
2. Ibid., pp. 8-9.
3. Ibid., p. 16.
4. Fuente original desconocida.
5. Atribuido a William Penn y Stephen Grellet.

12. Amor incondicional

1. http://preventdisease.com/home/weeklywellness203. shtml

ACERCA DE LA AUTORA

JOYCE MEYER es una de las principales maestras prácticas de la Biblia. Escritora número 1 de éxitos de venta del *New York Times*, ha escrito más de ochenta libros inspiracionales, entre los que se incluyen *100 Ways to Simplify Your Life*, *Never Give Up!*, toda la familia de libros El Campo de Batalla de la Mente, y dos novelas: *The Penny* y *Any Minute*, al igual que muchos otros. También ha publicado miles de enseñanzas en audio, al igual que una completa videoteca. Los programas de radio y televisión de Joyce, *Disfrutando la vida diaria*® se transmiten en todo el mundo, y ella viaja ampliamente realizando conferencias. Joyce y su esposo, Dave, tienen cuatro hijos adultos y residen en St. Louis, Missouri.

DIRECCIONES DE LAS OFICINAS DE LOS MINISTERIOS JOYCE MEYER EN LOS EEUU Y EN EL EXTRANJERO

Joyce Meyer Ministries
P.O. Box 655
Fenton, MO 63026
USA
(636) 349- 0303
www.joycemeyer.org

Joyce Meyer Ministries—Canadá
P.O. Box 7700
Vancouver, BC V6B 4E2
CANADÁ
(800) 868-1002

Joyce Meyer Ministries—Australia
Locked Bag 77
Mansfield Delivery Centre
Queensland 4122
AUSTRALIA
(07) 3349 1200

Joyce Meyer Ministries—Inglaterra
P.O. Box 1549
Windsor SL4 1GT
UNITED KINGDOM
01753 831102

Joyce Meyer Ministries—Sudáfrica
P.O. Box 5
Cape Town 8000
SUDÁFRICA
(27) 21- 701- 1056

OTROS LIBROS DE JOYCE MEYER

Any Minute

Never Give Up

The Secret to True Happiness

New Day, New You Devotional

I Dare You

The Penny

The Power of Simple Prayer

The Everyday Life Bible

The Confident Woman

Look Great, Feel Great

Battlefield of the Mind*

Battlefield of the Mind Devotional

Battlefield of the Mind for Teens

Battlefield of the Mind for Kids

Approval Addiction

Ending Your Day Right

21 Ways to Finding Peace and Happiness

The Secret Power of Speaking God's Word

Seven Things That Steal Your Joy

Starting Your Day Right

Beauty for Ashes (edición revisada)

How to Hear from God*

Knowing God Intimately

The Power of Forgiveness

The Power of Determination

The Power of Being Positive

The Secrets of Spiritual Power

The Battle Belongs to the Lord

The Secrets to Exceptional Living

Eight Ways to Keep the Devil
Under Your Feet

Teenagers Are People Too!

Filled with the Spirit

Celebration of Simplicity

The Joy of Believing Prayer

Never Lose Heart

Being the Person God Made
You to Be

A Leader in the Making

"Good Morning, This Is God!"
(libro obsequio)

Jesus—Name Above All Names

Making Marriage Work
(publicado previamente como Help
Me—I'm Married!)

Reduce Me to Love

Be Healed in Jesus' Name

How to Succeed at Being Yourself

Weary Warriors, Fainting Saints

Be Anxious for Nothing*

Straight Talk Omnibus

Don't Dread

Managing Your Emotions

Healing the Brokenhearted

Me and My Big Mouth!*

Prepare to Prosper

Do It Afraid!

Expect a Move of God in Your Life . . .
Suddenly!

Libros de Joyce Meyer en español

* Guía de estudio disponible para este
título.

Libros de Dave Meyer